税務署は3年泳がせる。

飯田真弓

日経プレミアシリーズ

プロローグ　あなたも落とし穴にはまる⁉

さて、本書を手にしてくださったあなたは、会社員でしょうか、経営者でしょうか、それとも定年退職をされた方でしょうか。バリバリ働いている女性かもしれないし、税理士を目指して勉強中の方、あるいは、学生、やりくり上手の主婦かもしれませんね。

いずれにしろ、どんな方であろうと、「税金」と無縁で暮らすことはできません。

でも、税金というと、制度がしばしば変わり、なにやら複雑怪奇でとっつきにくいもの、という印象を持ってしまいがちです。それに、できれば税金は納めたくないもの、遠ざけたいものという気持ちになりがちです。

しかし、税金がなければ、私たちは安心して暮らしていけないのも、また事実です。

この本は、そんな税金、そして税務調査について、日経電子版に隔週でわかりやすく連載したコラム「税務署は見ている」に大幅加筆し、一部書き下ろしを加えたものです。税務署ではどんな仕事が行われているのか、また税務調査を行っている調査官は、どんな人たちなのかなどなど、その実態について説明しています。

本文で詳しく説明しますが、税金についてては、ある程度の知識がないと、経営者だけでなく、会社員や主婦、さらには学生だって、いろいろな落とし穴にはまる危険があるのです。

また、すでに連載をご覧になった方々にも大いに参考にしていただけるよう、新たな内容もたくさん盛り込んでいます。


私は、26年間、高卒女子第1期生の国税調査官として、税務調査という仕事をしていました。国税調査官をしていた頃、税務調査に行った先で、よくこんなことを言われました。

「あんた、税務署なんかでよう働いてるなあ。警察より嫌いやわ。なんでって、決まってるやん。警察は、悪いことした人のところに行くわけやろ。そやけど税務署は違う。何も悪いことしてへんのに、急に来よる。そんなもん、好きなわけないがな」

「国の税金の使い方」を考えるのが仕事である国家公務員の中にあって、唯一、正しく納税してもらうために働く税務行政という仕事に、私はやりがいと誇りを持っていました。

しかし、長年、調査官をしている間に気づいたことがありました。調べられる側の納税者は、たいていお金持ち。「お金持ち＝幸せ」かと思いきや、必ずしもそうではありませんでした。そして、かたや調べる側の調査官たち。こちらも「親方日の丸で将来安泰」かと思いきや、彼らも必ずしも幸せそうではなかったのです。

「税務調査も大切だけれど、その人その人、一人ひとりが活き活きと幸せな人生を送れるようにすることのほうがもっと大切だ。自分は、こころの健康維持増進のためのビジネスを立ち上げよう！」

一念発起し、2008年に国税を退職。企業向けメンタルヘルス研修を事業化するため、異業種交流会などに参加するようになりました。しかし、私の前職を知ると、多くの経営者の方の興味は税務調査のほうに向けられます。

「税務調査って、ホンマにあんなことするんですか？」

私は、税務調査のことを知っていただければという思いで、元国税調査官の立場から、いろいろな雑誌でコラムを書いたり、本を出させていただくうちに、税金について多くの方々に正しい知識をお伝えすることも、私にとって大切な仕事だと理解できるようになったのです。

本書では、さまざまな身近なテーマ、エピソードを取り上げて、税務署の仕事とは、また税務調査とはどんなものかについて、親しみやすく、そしてわかりやすく解説しています。

経営者の方は、税務調査について「調査官目線」を知り、その対応策を実践すれば、企業の不正を防ぎ、業績アップにつながっていくと思います。

また、サラリーマンの方は、副業や副収入についてどのように考えればいいのか、申告の上でご家族を扶養家族にする際には、何に注意すればいいのか、どんな落とし穴があるのかなど、個人の方に役立つ内容も書いています。

税務署の1年は、大きく3つのシーズンに分けられます。

「ナナジュウニ（7月から12月）」「カクシンキ（1月から3月）」「ヨンロク（4月から6月）」です。それぞれで税務署ではどんなことが行われるのか、調査官たちは、どんな気持ちで仕事に従事しているのかなどを1話完結で書きました。

税務署の「シーズン」を知れば、皆さんの生活にどのような影響があるのかも理解していただけます。

各話の最後には、まとめとして、川柳のようなものを書き添えましたので、そちらをお読みいただくだけでも、「調査官目線」から見た税金、税務調査のツボを思い描けるのではないかと思います。

だからといって、本書は肩肘はって読むものではありません。

「なるほどー、そういうことやったんかあ」

と、楽しみながら、税務調査の知識が身につき、すぐに実践していただける内容になっています。

さあ、どこからでもけっこうです。まずは、目次をご覧いただき、興味を持ったページを開いてみてください。では、税金、そして税務調査の世界をご案内していきましょう。

２０１６年初夏
飯田真弓

目次

シーズンⅠ
税務調査の最盛期はここだ！
ナナジュウニ（7月～12月）

シーズンII
確定申告は、税務署のメインイベント
カクシンキ（1月〜3月）

シーズンⅢ
1000万円の売上案件はこの季節に
ヨンロク（4月〜6月）

税務調査の最盛期はここだ！

ナナジュウニ（7月～12月）

シーズンⅠ

新年度、調査官が最も張り切る季節の到来

一般企業の事業年度は4月1日から3月31日までというところが圧倒的に多いと思います。ところで皆さんは、税務署の事業年度はいつからいつまでかご存じでしょうか。実は、税務署や国税局、国税庁、財務省の事務年度は7月から始まり、6月に終わるのです。ですから、7月の上旬に内示があり定期異動が行われます。田舎の支店（税務署）での活躍が認められ本店（国税局）に栄転になった若い調査官もいれば、単身赴任を余儀なくされた中堅の調査官もいます。

そして、毎年、3分の1から4分の1の職員が入れ替わるのです。

7月、転勤該当者は署長から辞令交付を受けると、自分のシマに戻り、シマの長である、トーカン（統括官）に辞令を見せ、

「このたびの異動で、〇〇税務署、××部門に配置換えを拝命いたしました」

と、挨拶をします。

そして、その足で、次の赴任先に向かうことになります。

クールビズということが言われるようになるまで、異動する調査官たちは、燦々《さんさん》と太陽が照り付ける中、上下スーツ姿で、次の勤務地に向かったものでした。

どこの組織もそうだと思いますが、新年度は誰もがフレッシュな気持ちになります。税務署もご多分に漏れず、新しいチームの発足とともに、多くの職員が張り切って仕事に取り組みます。

さらに、このナナジュウニは、半年と、最も長いシーズンなため、大きなタマ（調査案件）に落ち着いて取り組める時期でもあります。

では、この章では、7月から12月の6カ月間、調査官たちは、どんな気持ちで、どんな仕事をしているのか、いろいろな人たちとの対話を通して見ていくことにしましょう。

第1話

「タマ選び」も、マイナンバーで大きく変わる？

最近、経営者の方からこんなことをよく聞かれます。

「マイナンバーが始まると税務調査は変わるんでしょうか？」

これは、経営者に限らず、国民なら誰しも気になるところ。まず本書の最初では、マイナンバーが皆さんの生活、特に税金面においてどんな影響を及ぼすのかについて考えてみましょう。

では、一例として経営者Aさんとのやり取りを再現してみます。

Aさん「飯田先生。僕の知り合いの社長なんですけど、もう、だいぶ長いこと税務調査に来られたことないって言ってるんですけど、そんなことってあるんですか？」

飯田「まあ、あるんと違うかな」
Aさん「そうなんですか」
飯田「国税当局は、あくまで課税の公平の担保として税務調査を行うことにしてるから、きちんと申告してる経営者は調査対象者に上がってこないからね」
Aさん「なるほど。その社長、『なんで来ないんやろう』って心配してたんですけど、気にしなくってもいいってことなんですね。僕んとこも、そろそろかなって思ってるんですけど。どうなんでしょうかねえ」
飯田「さあ、それはどうやろねえ。そうそう、Aさん、税務調査の実調率って知ってる？」
Aさん「実調率、何ですそれ？」
飯田「国税当局が1年間に実際に税務調査を行った割合なんやけど、年々、これが下がってて、最近では、法人で4パーセント台、個人事業主やったら1パーセント台なんよ」
Aさん「へえ、意外と低い数字なんですね」
飯田「そやから、ちゃんとしてたら、税務調査と無縁の企業になれるってわけよ」
Aさん「でも、ちゃんとしてるかどうかって、どうやってわかるんですか？」

飯田「うーん、そうやねえ……。実は、それがわかったら、調査官も苦労せえへんねんけどね。まあ、いろんな方法で下調べしてるけど」
Aさん「下調べって……。僕も、調査官にあとをつけられたりしてるんですか？」
飯田「あとをつけるのは、よっぽどの場合よ。まずは、机上調査からやから」
Aさん「机上調査？」
飯田「国税庁では、KSKっていうシステムを導入してて、そこに集められたデータが各税務署に送られてきて、そのデータをもとに分析して、まずは、母体を選ぶんよ。
KSKっていうのは、『国税総合管理システム』の略なんやけどね。そこに、いろんなデータが集められてるの。
これからは、マイナンバーの情報も蓄積されてくるやろうから、タマ選びの際の情報は増えてるってことになると思うわ」
Aさん「ってことは、マイナンバーで税務調査はやりやすくなるってことなんですか？」
飯田「まあ、そういうことやろね」

税務署がねらいを定める3つのステップ

どんな企業や人が税務調査に選ばれやすいのか。Aさんに限らず、経営者や税理士をはじめ、多くの人がとても興味をお持ちのようです。

税務調査の「タマ」選びは3つのステップがあります。まずは、Aさんとの会話の中にも出てきた「①机上調査」。

KSKにはさまざまなデータが集約されています。毎年、申告している決算書の売上金額や仕入れ金額、外注費などを同業者と比べて多すぎたり、少なすぎたりすると、その分析結果として調査の対象にあがってきます。また、KSKには、調査官たちが集めた情報も蓄積されています。

たとえばこんな感じです。

「テレビで珍しい生き物を販売している店を紹介していた。わざわざ遠方から買いに来る顧客もいるなど、好況を呈しているようだ。店名：○○○、所在地：大阪市○○区、電話番号：××－××××－××××」……

これらのデータをもとに母体を選ぶのが、机上調査です。

次が「②外観調査」です。これは、机上調査で「母体」に上がってきた調査対象を外から見るというものです。

申告書の住所にその企業が実在しているのか、さらに工場や代表者の自宅、そんなに遠くなければ別荘も見に行きます。決算書上、新たに固定資産を取得したとなっている場合、それが本当かどうか、現地を確認しに行くこともあります。

最後は「③内偵調査」です。現金商売の場合、実態を把握するため、客を装って実態を把握しようとするものです。

派遣型風俗業など、店を構えずに事業を行っている場合は、特にこの内偵調査が重要になってきます。最近は、女性調査官も増えているので、ホストクラブなども内偵調査しているかもしれません。

今は、携帯電話やスマートフォンの普及により、その場で写真を撮ったり、メモを取ったりが日常的に行われるようになったので、内偵調査もしやすくなっていると思います。

タレコミ、投書、そしてマイナンバー

これら3つの調査法を「準備調査」と呼びますが、これ以外の選定理由もあります。「タレコミ・投書」です。最近、メディアで著名人の不倫の報道が相次いでいますが、これらの情報は女性（夫人など）の側からリークされるものも少なくありません。税務調査の「タレコミ・投書」も同じようなことが言えます。

「ちょっと、あんた、聞いてんの？　今から言うことちゃんとメモして調査に行くんやで！」

私がまだ、新米事務官だった頃、パソコンなどない時代。とある経営者の妻から電話がありました。

「ベッドの枕もとにある引き出し、そこにパスポートが入ってる。その下に抜いた金を貯めてる通帳が隠したぁある。それ調べて、ちゃんと税金取ってんか」

内部の事情に詳しい人からの情報は確かです。

「ほんで、いつ調べに行ってくれるん？　ちゃんとなんぼ払わしたか報告してや」

調査の結果は教えられませんが、妻にこのような行動を起こさせるほど、経営者である夫

が恨みをかっていたのでしょう。

このように、税務署がタマを選ぶには、いろいろな方法がありますが、マイナンバー制度が施行されることで、税務調査は資料の突き合わせという部分で調査がやりやすくなると思います。

これまでは、どの人に、どこからどのようにお金が入り、それがどこにあるのか、というバラバラの資料を「名寄せ」するのがたいへんな作業でした。しかし、マイナンバーが活用されれば、お金を支払う側、もらう側、また金融機関の口座なども個人のユニークな番号によって、容易に関係が明らかになると推測できるからです。

遠隔地の預金も名寄せされやすくなる？

かつて、税務署内では税務調査に注目が集まりがちな一方で、企業や個人商店に限らず、資料を丹念に突き合わせることによって会社員等、個人の申告漏れなどをこつこつ見つけ出すのが得意な職員がいたりしました。

こうした職員が見つけた所得の申告漏れなどよって集められた税金の額が、派手な税務調査によるものを上回るのを見たこともありました。これから、マイナンバーによって、より適正・公平な納税が実現しやすくなるかもしれません。

昔、調査に協力的でない調査対象者がいて、私はかなりの時間をかけて調査し、お金の流れから実家近くの金融機関にも預金していることを突き止めました。まさか自分の田舎まで調べられると思っていなかったのでしょう。その対象者は、最後には観念し、税務署に来て、泣きながら修正申告書を提出されました。

けれども、その調査が終わって1年後、その調査対象者が、実家近くの郵便局に内緒で定期預金をしているという「資料せん（納税者の情報が書かれた資料）」がまわってきたのです。

そのとき私は、とても悔しい思いをしました。あの涙は嘘だったのです。マイナンバーが入れば、このように遠隔地での預金なども名寄せされやすくなると思います。このことは、私たちもしっかり認識しておく必要があります。

マイナンバー　田舎の口座も　把握済み

第2話 「小さな嘘」が、調査官を燃えさせる

通常、所轄の税務署の税務調査は事前通知から始まります。

事前通知は電話で行われることがほとんどです。たとえば経営者の方などで、顧問の税理士が「税務代理権限証書」の税務調査の通知の欄にチェックを入れてくれていれば、納税者本人ではなく、税理士に電話が入ります。

「税務代理権限証書」って何だろう。こう思われた経営者の方がいたら、申告書の作成と提出を税理士にお願いしている場合、申告書の綴りを確認してみてください。申告書や決算書の控えと一緒に「税務代理権限証書」の控えもとじこんであるかもしれません。

それはさておき、ここでは、若手経営者のBさんの先輩が初めて税務調査を受けられたときの困った事態にまつわるお話を紹介しましょう。

Bさん「7月から12月にかけての時期って、税務調査の最盛期なんですよね。確か、ナナジュウニって言うんでしたっけ？　隠語って面白いから、けっこう覚えてるんですよ」
飯田「ナナジュウニは、みーんな気合い入ってるからね。定期異動で新メンバーになって、心機一転、頑張ろうって気持ちになるし」
Bさん「そうなんや」
飯田「『前倒し』っていって、増差の出そうな案件から、まず着手して士気を高めるって感じかな？」
Bさん「増差って？」
飯田「税務調査をした結果、追加で納めてもらう税金のことを増差って言うんよ」
Bさん「なるほどねー。そう言えば、僕の大学の先輩なんですけど、ついこの前、税務調査に入られて、えらい目にあったって言ってました」
飯田「えらい目って、何か悪いことしてて見つかったん？」
Bさん「違いますよ、僕の先輩が悪いことするわけないじゃないですか。実は、調査官が指定してきた日、海外出張に行くことが決まってたらしいんですよ。それで、税務署が来るんやったら仕方ないって、キャンセルしたそうなんですよ」
飯田「キャンセル？」
Bさん「税務調査は、言われた日に受けないと調査官の心証が悪くなるかもって思ったんやそうです」
飯田「日程の変更を申し出たからって、調査に影響はないと思うけど……」
Bさん「そうなんですか？」
飯田「国税庁のホームページにも書いてるけど」
Bさん「そんなことまで、ホームページに書いてるんですか？　先輩は、税務調査よりも、海外の仕事が取れなかったほうが大きかったたって、嘆いてました」
飯田「あらまあ、それはそれは、お気の毒さまでした」

国税当局は、意外に柔軟です

税務調査の日程について、調査官が指定してきた日に必ず合わせないといけないと思っている方がいらっしゃるようです。

税務調査は、顧問の税理士がいる場合、調査対象者である経営者、さらに調査に来る担当者と顧問税理士の三者間で日程を調整しないといけません。

ですから、調査官は事前通知をする際、いくつか候補日を挙げて、その中で都合のいいところで調整するように言ってくると思います。

国税庁のホームページ【税務調査手続に関するＦＡＱ】には、納税者と代理人（つまり税理士）などの都合に合わせるし、事前通知後であっても、親族の不幸などがあったり、合理的な理由があれば日程変更の協議ができると書かれています。

また、平成27年4月の改訂分では、調査の開始の日時や場所の変更を希望する場合は、特に法令で定められていないので、口頭で伝えていいと説明しています。

わざわざ追加されたということは、国税庁に、調査日程の変更に関しての問い合わせが多かったからなのかなと推測します。

【税務調査手続に関するＦＡＱ】は、税理士向けもあります。こちらも、国税庁のホームページに掲載されているので、経営者の方はこちらも読んでおくといいと思います。

最近は中小企業でも海外取引をしているケースがかなり増えています。ですから、海外出張が入っている場合などは、その旨、担当調査官に伝え、都合のいい日に変更してもらえばいいでしょう。

税務署が突然やって来るのは、どんな案件なのか

けれども、事前通知がない場合もあります。高額悪質な案件で、現金商売だったり、多店舗展開しているような場合は、事前通知して日程を決めてしまうと、証拠を隠匿されてしまう危険があります。

そこで、「現場」を押さえないといけない事案については、一般の任意調査であっても事前通知なしという場合もあり、そのときは海外出張中でも帰国を強いられることがあるかもしれません。

私の知り合いの経営者に、こんな方がいました。6月に調査の事前通知があったけれど、まったく日程が合わず、7月の中頃にしてほしい旨、税務署に連絡をして返事を待っていたんだそうです。

ところが8月入っても新たな調査日程についての連絡がないので、税務署にこんな問い合わせをしました。

「うちの税務調査の日程はどうなったんでしょうか？」

すると、税務署はこう答えたそうです。

「ああ、そうでしたか。その担当者、異動したんですわ。また、改めてこちらから、連絡させてもらいますんで」

その経営者の方、「調査官が来たら、こちらからも聞きたいと思ってたことがたくさんあったのに……」と、少しがっかりしていました。

一般的には、「悪質な案件」であれば、事前通知の電話をかけた担当者が転勤になっても、次の担当者に引き継ぐことになります。けれども、6月の中頃に通知があって日程が合わないときは、その調査は仕切り直しになることもあるのです。

ここまで読んで、「それなら、事前通知があったら、それから海外出張を入れれば税務調査を免れることができるかも」と、思われた方がいるかもしれません。

しかし残念ながら、決してそういうわけではありません。もし、税務調査の事前通知があってから、飛行機のチケットを予約し、海外出張を理由に税務調査を延期しようと企んでもダメだと思います。

なぜなら、調査官は小さな嘘やごまかしを一番嫌うからです。小手先で免れようとする調査対象者に対しては、むしろ、とことん調べてやろうと思うのが調査官たちの習性だったりするのですから。

臨場日　誠意を示せば　変更可

第3話
予告なしで現れる強者、それはマルサか、それとも……

先にも説明したように、事前通知をせず、いきなり会社や自宅、事務所や別荘などに数名の調査官たちがやって来ることもあります。この話をすると、こんな反応を示される方がいます。

「ああ、それ知ってますよ！　マルサってやつでしょ」

よくご存じですね。マルサは事前通知なしの調査です。

でも、事前通知なしの税務調査はマルサだけではありません。国税局の職人集団、資料調査課も事前通知なしでやって来ます。

まだ、自分の代になってから、1度も税務調査に入られたことがない2代目経営者Cさんと、こんな話をしたことがありました。

Cさん「飯田先生は元国税って聞いたんですけど、マルサやったんですか？」
飯田「いいえ」
Cさん「えっ、国税＝マルサと違うんですか？」
飯田「私は26年、国税の世界で働いてたんですけど、マルサにいたことはないんですよ。いろんなところで税務調査の講演をさせてもらうとき、あらかじめ、主催者の方にプロフィールをお渡しするんですけど、『元国税』って書いてるから、『飯田さんは元マルサで……』って、紹介されることはよくありますけどね」
Cさん「でも、国税局で働いてたんですよね」
飯田「いいえ、それも違うんです。元国税調査官なんですけど、国税局で勤務したことはないんです」
Cさん「なんか、ややこしいですね」
飯田「私はずっと、支店の現場で働いてたんです」
Cさん「本店っていうのは国税局で、支店は税務署のことなんですね。確か、警察もそんなふうに言ってますよね」
飯田「職場に入りたての頃、先輩から、『外では税務署って言わずに、会社って言うんやぞ！』って教えられました」
Cさん「そしたら、飯田先生は、マルサみたいな調査はしてなかったんですか？」
飯田「事前通知なしの調査やったらしてましたよ」
Cさん「そうなんや……」
飯田「あれ、どうしたん。なんか、心配ごとでもあるん？」
Cさん「いえ、その……。僕の代になってから税務署がまだ1回も来てないんで、そろそろ来るんと違うかなあって。
実は、僕が高校生のとき、いきなり税務署が来たんですよ。学校へ行こうと思ったら、黒っぽいスーツを着た男の人が二人、僕の部屋にも入ってきて、『ちょっと君、机の中とか、見せてもろてもええかな』とか言われて。
そしたら、親父が、『お前ら、子どもやぞ。そこまでせんでもええやろ』って。それでも、年が上のほうの人が、『そしたら、なんかおかしいもんが入ってないかだけ確認させてもらえますか。息子さんにはちょっとのいてもろて』とか言うて、口調はおだやかやったんですけどねえ。もう散々でした」
飯田「へえ、そうやったんや」
Cさん「まあ、親父もおふくろも好き放題してたんで、しょうがないんですけどね」
飯田「Cさんとこは、現金商売やもんね。きっと、高校生のときに、調査に来たのは税務署じゃなくって、料調やったんやろね」
Cさん「えっ、リョウチョウ？ですか……」

リョウチョウの「実査官」は、なぜダークスーツ着用なのか

映画やドラマで皆さんにもおなじみのマルサは、国税局の査察部門が行う税務調査のことです。彼らは令状を持って強制調査を実施し、刑事告発するのが目的なので、有無を言わさず、事務所や自宅に上がり込み、どんどんと調査を進めます。もちろん事前通知などありません。
実は、国税局が行う税務調査は、マルサ以外にも事前通知なしで行われる場合があります。国税局の資料調査課です。

大阪国税局管内では、資料調査の「料」と「調」の文字をとって「リョウチョウ」と呼んでいます。関東では、「コメ」と呼んでいるのでしょうか。

「リョウチョウ」に所属するのは所轄の税務署から集められた選りすぐりの調査官たちです。「リョウチョウ」に配属されると彼らの肩書は「調査官」ではなく「実査官」になります。調査時、どの実査官が何をし、どの実査官が何を言ったのか、特定しにくいように彼らはできるだけ同じような黒っぽいスーツを着て臨場します。

それだけではありません。所轄（税務署）でも、署によっては「トクチョウ」と呼ばれる調査官がおり、この係の調査官も組調査《くみちょうさ》といって、複数名でチームを作り、事前通知なしで調査を行うことがあります。「トクチョウ」は「特別調査担当」や「特別調査班」などの略です。

「事前通知」なしで調査を行うことについては長年にわたって議論されてきたのですが、平成23年度、国税庁は税制改正で「事前通知」なしでも調査をする場合があることを明文化しました。

事前通知なしの調査は基本的には、先にも書いたように、高額悪質で、現場を押さえないと実態の把握が難しいと思われる事案ということになります。

私は所轄の税務署でしか勤務したことがないのですが、リョウチョウの調査に駆り出されたことがありました。当時は、リョウチョウに女性の実査官がいなかったか、少なかったからだと思います。リョウチョウの実査官たちは、強面で、一緒にいるだけで、緊張感がありました。立場を変えて考えると、突然、オフィスに黒っぽいスーツ姿の人たちがやって来て、あれこれ質問攻めに合ったら、きっと、驚き、萎縮してしまうと思います。

誰もが知っておきたい3つの質問

調査官はオフィスや自宅や工場などに、いきなり同時に入ることがあります。そのときオフィスには誰がいますか、自宅には誰がいるでしょうか、工場の責任者は誰でしょうか。

いつどんなときに調査官がやって来ても対応できるように、事前通知なしで調査官がやって来た場合の緊急対応について、日ごろから従業員に周知徹底しておくのがいいでしょう。

【事前通知なしで調査官がやって来た場合の3つの質問】
①　国税局の方ですか？　税務署の方ですか？
②　あなたのお名前は、何とおっしゃるんですか？
③　あなたの所属の部署は、何というところですか？

もし調査官が突然やって来たら、この3つの質問をして、顧問税理士と経営者に連絡をします。

調査官は、事務所の中に入ろうとすると思うのですが、顧問税理士と経営者が到着するまで外で待ってもらってもいいと思います。

「調査官をそんな邪険に扱ったら、不利な展開になるんじゃないでしょうか？」

こう思われるかもしれません。たしかに、マルサは強制調査なので、待ってもらうというわけにはいきません。けれども、リョウチョウやトクチョウはあくまで任意調査です。この〝任意〟とは刑事ドラマなどでよく見る、

「ちょっとお話をお聞きしたいので、任意同行願えますか？」

というあれです。調査を受ける側が了解しなければ不法侵入になってしまいます。無理に建物の中に入ることはできないのです。

「今、社長に連絡しました。すぐにこちらに向かうと言っています。社長から『調査官の方には私が到着するまで外で待ってもらうように』と言われました。社長は調査には協力すると申しておりますので、申し訳ありませんが外でお待ちください」

誰もがこのように応答できるようにしておくことが大切です。

「調査には全面的に協力する姿勢は見せながら、聞かれたこと以上は答えない」

こういうスタンスでいいと思います。

私はたくさんの税務調査をしましたが、中には、こんなことを言う方がいました。

「いつ税務署に来られるかって、ずっとビクビクしていました。これで、やっと楽になれます」

根っからの悪人なんて、世の中にいない――。これが私が長い間、税務調査を担当してきての実感です。

「最初は悪気はなかったんです。でも、先生（税理士）に本当のことを言うと、きっと叱られるだろうと思って……」

そんな弁明をする方もいました。税理士は身近な法の専門家です。もっと積極的に経営者とコミュニケーションをとることに尽力する必要があるでしょう。

税務署が行う税務調査は、あくまで行政処分です。税務調査がきっかけで、まっとうに申告する気持ちになってもらえればといつも思っていました。

リョウチョウは　マルサじゃないけど　強者ぞろい

第4話 学業優秀だった調査官は、なぜミスをしでかしたのか

ひと昔、ふた昔前は、税務調査の手法は先輩のやり方を「盗んで覚える」のが主流でした。でも、私の先輩はすべて男性。性質《たち》の悪い相手には、声をすごませてこんなことを言う人までいました（今はいないと思いますが）。

「金がない？　ほな、身体で払ろてもらうしかありませんな」

これをそのまま私がマネしても通用しません。どうすれば自分のスタイルに合った税務調査ができるのか日々悩み続けました。調査に出始めの頃は、調査対象者にあがってくる経営者は、自分の親の年齢に近い方ばかり。

「まずは、その人の人生のストーリーを聞き出して、その後、矛盾をついていこう」

私の税務調査は、午前中は帳面を開けることはありませんでした。経営者になるまでの経

緯について、丁寧に聴き取りするのです。その際、普通の話を普通にする話し方に注目します。

普通の状態をよく観察しておくことで、税務調査の本題に入ったときに、その経営者の声のトーンが変わったところ、目線が動いた先に不正のヒントが隠されていることがわかるのです。私はそんなふうに独自の調査法を編み出したのですが、ＯＪＴが言われるようになってからは、税務調査の手法について、丁寧に指導が行われるようになりました。

ここでは、大阪中央税務署（仮名）で勤務する、ある新米女性調査官の指導の場面を再現してみましょう。


調査官Ａ「上席、これちょっと見てください」

上席調査官Ｂ（以下、上席Ｂ）「ん、何や？」

（調査官Ａが調査カードを上席Ｂに差し出す）

上席Ｂ「洋菓子製造販売業か。このケーキ屋がどうしたんや？」

調査官Ａ「僕、この店、去年から目をつけてたんですけど、この前、テレビで紹介されてたんです。毎日、めっちゃ行列ができてるんですよ」
（上席Bが調査カードを見る）
上席B「なるほど、開業3年目か。その店、行ったことあるんか？」
調査官A「いいえ、ありません」
上席B「ほな、いっぺん行って、ケーキ買うて来てくれ」
調査官A「昼間っから、スーツ着た男がケーキ買うために並んでたらおかしいでしょ」
上席B「まあ、それもそうやなあ。そや、C子調査官、ちょっと来てくれるか。このケーキ屋知ってるか？」
C子「このお店、テレビでやってました。うちの管轄なんやって思って見てました。行きたいと思ってるんですけど、いつも並んでるみたいで」
上席B「ほな、ちょうどええわ。ちょっと行って、ケーキ買うて来てくれるか？」
C子「えっ、勤務時間中ですよ」
調査官A「かまへんよ。僕よりC子さんが行ったほうが目立たへんやろ」
C子「わかりました」

調査官Ａ「ちゃんと領収書もろてくるんやぞ！」
Ｃ子「そんなことぐらいわかってますよ。宛名は、大阪中央税務署でいいんですよね」
上席Ｂ、調査官Ａ「……」

「内偵してます！」と、調査対象に教えてどうする

国税の世界に限らず、昨今、大学入試でも企業の採用試験でも、女性のほうが成績優秀な場合が多いようです。

このＣ子さん、某国立大学を卒業後、国税専門官の試験に合格して、税務大学校での研修を終え、この税務署に配属になりました。調査官のＡさんは高校卒で、Ｃ子さんより実務経験は長いものの年齢は下。年上のＣ子さんは、Ａさんにあまり敬意を抱いているようではありませんでした。

税務調査に行くかどうかを判断する準備調査には、内偵調査として、実際にその店に客として行く場合があります。客として店に行った場合は、品物の種類や数、従業員の数、レジの有無、レジペーパーや領収書の発行の有無、品物を発送する場合があるのかなど、さまざ

まな点についてチェックをします。

上席BがC子さんにケーキを買いに行くように指示したのは、OJTの一環でしょう。C子さんは、調査官のAさんに領収書をもらってくるよう念押しをされたことにムッとしたのか、「わかってますよ」と啖呵《たんか》を切りました。でも、そのあとがいけません。

読者の皆さんも、何がダメだったのか、おわかりでしょう。C子さんは領収書の宛名を「大阪中央税務署」と書いてもらうと言いましたが、そんなことをすれば、このケーキ店は、「このお客さん、税務署の人なんや。もしかして、もうすぐうちに税務調査に来るってことなんやろか?」

と思うかもしれません。

内偵調査とは、調査対象者にわからないように実態を把握し、実際に臨場調査に行った際、不正の端緒《タンチョ》、手口を見つけやすくするために行うのです。それが、相手にバレるようなことをしてしまっては、意味がありません。

このC子さん、こんなこともありました。預かり書類を一枚一枚調べていたときのことです。

上席Ｂ「おい、どうしたんや？」
Ｃ子「あのー、これって経費になるんでしょうか？」
上席Ｂ「どれや？」
（Ｃ子さんが差し出した紙は、交通違反の青切符でした）
上席Ｂ「罰金が経費になるわけないやろ、こんなもん常識やろが！」
怒られたＣ子さんは、急に涙目になり、そのままトイレに直行したのでした。

テレビや映画を観て、国税の世界に入る人

私が税務署に配属された当時、「女に調査は無理！」と言われ、仕事をまったく教えてもらえませんでした。そんな経験をした私からすれば、職場で涙を見せるなんて考えられないのですが……。
ＯＪＴとは、実際の仕事を通じてトレーニングを行うことですが、子どもの頃から勉強ばかりして、学生のときにアルバイトをしたこともないＣ子さんにとって、税務調査という仕事が向いているかは疑問でした。

テレビや映画などを観て、憧れから国税の世界に入ってくる人ほど、現場での税務調査という仕事をするのは厳しいようです。C子さんではありませんが、真面目で頑張り屋さんだった調査官が辞めてしまうこともありました。

このように、学校の勉強と現場での調査の能力は、必ずしも比例するものではありませんが、大卒で国税専門官として採用されると、高卒程度で採用される「普通科」の調査官より、研修を受ける機会が多くあります。

税務調査で実績を上げることができなくても、研修で優秀な成績を修めれば出世の道が開かれることもあります。

一方、「昨日は調査がうまいことといった、今日はダメやった」と勉強もせず、毎日、反省会と称して飲み歩いてばかりいると、いつまでたっても現場の調査官より責任のある仕事を任せてもらえません。

しかし、Aさんのように高卒で普通科として採用された調査官も、一定年数の勤務をすれば「本科」という研修を受け、そこで優秀な成績を修めれば、幹部候補生のレールに乗ることもできます。それでも、国税の世界では、大学卒以上の国税専門官のほうが優遇されているると言えるでしょう。

一億総活躍が叫ばれている昨今ですから、次にAさんとC子さんが「同勤《どうきん》（同じ勤務地で働くこと）」したときは、C子さんがAさんの上司になっているかもしれません。

ここだけの話ですが、税務署では女性上司の下についた男性調査官が、けっこう苦労しているという話も聞きます。反対に、登用された女性の上司も、男性にはわからない苦労をしていると思います。

女性登用はとても大切なことですが、まだまだ日本は男性社会。女性が本気で働こうとすると、どの業界でも、いろいろと問題があるようです。

内偵の　領収書名は「上様」で

第5話

「同窓会に参加！」のブログもチェックされている？

今さらですが、パソコンやインターネットの普及で世の中変わりました。

私は今、仕事で本を書いたり、日経電子版でコラムを連載したりしていますが、原稿を書くのはたいていパソコンを使っています。そう言えば、連絡も電話よりメールですることのほうが多くなりました。

会計処理も同じです。昔は会計事務所では、振替伝票を切ることができなければ仕事になりませんでした。けれども、今では、会計のソフトを使えば誰でも決算書を作成することができるようになったのです。

会社で仕事の一環としてブログを書いたり、事業を営んでなくても趣味でブログを開設している人もいらっしゃいますよね。仕事とは関係なく、フェイスブックやツイッターやインスタグラムやＬＩＮＥなどなど、さまざまなＳＮＳをいろいろと使い分けて、交友関係を広げている方もいらっしゃると思います。

さて、皆さん。実は、調査官たちもパソコンやインターネットをフルに活用しているということをご存じだったでしょうか。

私はインターネットを窓口にして依頼をいただき、全国で税務調査に関連した講演に行かせていただくのですが、どこでも広く聞かれることの一つに、ＳＮＳについての質問があります。

Ａさん「飯田先生、ちょっと聞いたんですけど、国税調査官って調査に行くとき、そこのホームページ（ＨＰ）も見るんですか？」
飯田「もちろん見ますよ。そんなん当たり前やん。調査官は集められた情報をもとに、あらゆる角度から分析して、どこに調査に行くかを決めてるんやから。ＨＰとか、いながらにして情報を得ることができるんやから、チェックせえへんわけがない」
Ａさん「なるほど。ＨＰには経営理念とか、企業の情報を掲載してますもんね。経営者の写真も載せてたり。でも、ツイッターの投稿がきっかけで、いろんな事件が起こってますよね。不倫騒動とか？」
飯田「あれ、そっち？　国を動かすきっかけにもなったりしてるよね。保育園の件とか。私も保育園がなかったら、調査官として勤められへんかったから、他人事とは思えへんのよ」
Aさん「飯田先生もそんな頃があったんですか？」
飯田「子どもがちょっと熱っぽい日は座薬入れて、ぐずるのを後ろ髪ひかれながら保育園をあとにして、満員電車に乗ってやっと署に着いたら先に保育園から電話が入ってて、またすぐ、保育園に逆戻りってこともありました。携帯電話もなかったからね」
Aさん「ケータイがないなんて、僕、想像できませんわ。いったい、どんな時代やったんでしょうねえ？」
飯田「人を化石みたいに言わんといてくれる。そうそう、ケータイなかった頃は、税務調査って、めっちゃアナログなことしてたんよ。居酒屋とかに内偵調査に行ってもメニューとか店の机の配置とか、メモしたら目立つから箸紙の裏に書いたりね」
Aさん「へえ、なんか探偵みたいですね」

飯田「そやから、そんな苦労して情報集めてたこと思たら、ネットで検索なんて当たり前なわけよ」

幹事さん、クレジットカードの支払いは大丈夫ですか

企業のＨＰは会社の看板なので、きっちりとした内容になっていますが、「社長ブログ」などになると趣味の世界や、プライベートな書き込みをされている方も多いのではないかと思います。

「今日は同窓会で○○温泉に来ています！」

調査官は勤務時間以外でも情報を収集しています。自宅でなにげなくネットを見ているときにも、いい情報はないかとセンサーを働かせています。さてこのブログを見た調査官は何をするでしょうか。

まずは、そのブログを印刷し、翌日、署に出勤したら昨日得た情報をＫＳＫ（先述、国税総合管理システムの略）という国税局のシステムに入力します。

日時：××年2月1日、日曜日
場所：○○温泉
氏名：Aさん
企業名：△△△株式会社
内容：同窓会で○○温泉に宿泊。愛車は会社の○○

数年後、Aさんが代表取締役を務める△△△株式会社に、税務調査が入ったとします。調査官は過去3～5年の経営内容を短時間のうちに調べ上げなければなりません。その中から不正発見のきっかけ、いわゆる「端緒《タンチョ》」を探すのです。

調査官は、おもむろにその会社の経費帳を開き、

「この××年2月1日の旅費交通費と接待交際費について説明していただけますか？」

と言うかもしれません。

同窓会の幹事を自ら申し出、自社のクレジットカードから支払いをすることで、仕事の経費として落としている可能性もあるでしょう。調査官はちょっとしたきっかけからあらゆる

ことを想定し、何が真実なのかを追及していくのです。

国税局には、資料集めを専門にする部署がある

ある経営者の方から聞いた話では、税務調査の際、担当調査官が自分の書いていたブログを全部コピーして持って来ていたそうです。調査に来るまでにすべてチェックをされていて、「公私混同」で、なんでもかんでも経費にしていたことがバレてしまい、もう少しで、重加算税をかけられるところだったと言います。

もしプライベートな旅行の旅費交通費が、会社の経費として計上されている領収書を発見したら……。

調査官は、「この人は経費と生活費をきちんと分けていない」という事実を確認することになります。そこから調査官は、「売上金額についても、正しく申告していない可能性があるのではないか？」というように思考を展開し、さらに綿密に調査を進めていくことになるのです。

国税調査官はパソコンが登場するまでは、あらゆる情報を自分の足で集めていました。国

税局には税務調査を行わず、年中資料集めを担当している部署もあります。それに加えて調査担当者自身も調査先に出向いたその行き帰りも情報を集めるように、国税当局から指示されているのです。私も調査官当時、署内で急ぎの仕事を抱えている日以外は、生の情報を収集しに出かけたものでした。

そのSNS、国税調査官も見ています

最近は、誰でも簡単にインターネットを使って情報発信できるようになりました。職場で撮影した写真を投稿し、それが不適切であると、投稿した本人が処分を受けるということも多発しています。

飲食店などの場合、その影響は本人だけではなく、会社全体にも影響を与えたり、閉店や休業に追い込まれるという事態になった場合もありました。従業員が個人で何を投稿するかまで、なかなか把握できないかもしれませんが、「やっていいこと」と「いけないこと」の境目がわかっていない人が多くなっているように思います。

SNSの正しい使い方について、対税務調査という観点からだけではなく、常識としてど

うなのか、考えてみることが必要なのではないかと思います。

ＳＮＳは、会社を、社会を、よくするための手段として、活用したいものです。ＳＮＳは、国税調査官の情報収集にも間違いなく役立っています。あなたがインターネットで発信した情報は、国税調査官にも等しく届いているのですから……。

税務署は　あなたのブログも　覗いてる

第6話　その現金管理が、不審に思われる

オフィス街のランチタイム、お昼ごはんの食べ方は人それぞれ。毎日同じ定食屋さんに通う人、コンビニで買って事務机で食べる人。季節がいい頃は、公園で食べるという方もいらっしゃるでしょうし、毎日自分でお弁当を作って持参という方もいらっしゃるかと思います。

国税調査官も当然、昼ごはんを食べるのですが、彼らはランチタイムも調査官としての目を光らせています。

たとえば、自分が勤務している税務署の管内に新しい店が開店したり、テレビやネットなどで話題になったお店があると実際に行ってみます。注文をしてから料理が出てくるまでの間にそのお店の情報を収集するのです。

その日、上席調査官のAさんと新米調査官のB君は、一緒に臨場調査に出かけていました。キリがよかったので、正午を待たずにいったん休憩し、午後1時に再開することを告げ、調査先をあとにしました。A上席はあらかじめ昼ごはんを食べる店に目星をつけていたようです。
2人の会話に聞き耳を立ててみましょう。

Aさん「この店はなあ、この前、B級グルメの番組で紹介されてたんや」
B君「そうなんですね。あっ、見たことある番組のステッカーが貼ってます」
Aさん「値段はどれでも、一律、800円やそうや。あっ、わし、焼き魚定食にするわ」
B君「そしたら、僕はとんかつ定食にしようかな」
（その後、食事が運ばれて……）
Aさん「おい、伝票見てみろ」
B君「えっ、伝票？　〝魚〟〝とんかつ〟って鉛筆で書いてます」
Aさん「他は？　通し番号と日付」

B君「あ～、書いてませんねえ」
Aさん「書いてないって、どういうことなんや？」
B君「さあ、何でしょうねえ」
Aさん「まあええわ。はよ、食うてしまえ！」
（食事が終わった2人はレジに向かう）
女性店員「800円ずつです」
（レジ周りに100円玉が2枚ずつ重ねて並べてあったが、B君は500円玉1枚と100円玉3枚を渡した。Aさんは長財布から1万円札を出して渡した。店員はレジ下の引き出しを開け、中からポーチを取り出し、1万円分ごとに束ねてあった1000円札の1枚を残して手渡し、その上に100円玉を2枚乗せた。A上席とB調査官が店を出る）
B君「上席、何をもたもたしてるんですか。さっき、じゃり銭を800円分、握ってましたよね。なんで1万円札なんか出すんですか？」
Aさん「お前は、ホンマにわかってへんなあ。研修で何を習ろてきたんや。署に戻ったら、この店のことKSKに入力しとくんやぞ！」

B君「えっ、あっ、はい……」

瞬時にチェックされた8つのポイント

オフィス街でランチを出す飲食店は、12時から13時の1時間に集中して売上と利益を上げるために工夫します。メニューの数を絞ったり、値段を一律にしたり……。

客の回転率を上げること、レジ係の仕事の負担を極力減らすことが、売上と利益アップにつながります。経営者が収益アップのために努力するのは悪いことではないのですが、ベテラン上席のAさんは、何かひっかかるものがあったようです。

Aさんは焼き魚定食が出てくるまでの数分の間に以下のことをチェックしました。

① メニューが一律800円
② 伝票に金額の記入なし
③ 伝票に日付の記入なし
④ 伝票に通し番号の印字なし

そして、定食を食べ終え、お金を払うとき、1万円を出しておつりをもらうことで時間を稼ぎ、レジ周りがどのようになっているのかをチェックしたのでした。

⑤　レジが開けっ放しになっている
⑥　釣銭用の100円玉が2枚ずつレジの周りに積み重ねてある
⑦　お客が1万円札を出したときはレジの下の引き出しにあるポーチから釣りの札を出したが、そのポーチには預金通帳らしきものも入っていた
⑧　伝票は、伝票ホルダーの串に刺して保管していた

毎日いろんなお店でランチを食べていると、現金管理ひとつとっても、いろいろなお店があることに気づきます。

この店は、ランチタイムはレジを開けっぱなしにしてレジ打ちをしていない、伝票に日付も続き番号も入っていない。けれども、伝票は串に刺して保存している——。

調査官たちはこのような現状を目の当たりにした際に、「この店は何から売上を計上しているのだろうか」という疑問を抱くことになり、実際に税務調査に入って調べてみたいと思うのです。

AさんとB君が入ったお店でも、実際には、きちんと現金管理をしているのかもしれません。

それでも、調査官が「怪しい」と判断してしまうことで、調査官魂に火をつけることになります。実際、Aさんは、B君に今見たことを署に帰ったらKSKに入力するよう指示していました。


「つい、魔が差して」と現金商売の危険な関係

私には、オーガニック野菜を使った食事を提供してくれるお気に入りのお店があるのですが、そのお店、いつ行っても伝票に日付や金額が入っていません。

「ちょっと手間かもしれないけれど、日付や通し番号などを伝票に記入したほうが、税務署に目をつけられなくてすみますよ！」

こう、言ってあげたいなと、毎回思っています。なぜなら、もし、調査官がこのお店に来た場合、

「なぜ伝票に日付や通し番号がないんだろう？　このお店は、何から売上を計上しているんだろう？」

と、興味を持ち、その情報をＫＳＫに入力することになるからです。

「あれ、このお店、なんかちょっと怪しいんじゃないかな？」

きちんと申告をしているのに、現金管理が不十分であるがために、調査官から、そのように思われてしまうことは、本当にもったいないことだと思います。もし税務調査ということになれば、大きな手間と時間をとられます。

そうはいっても、現金管理の甘い店で本当に恐ろしいのは、国税調査官の目よりも、むしろ従業員が不正に手を染めることです。

伝票の管理とレジ打ちの徹底がなされていない場合、客が渡した１０００円札をそのままポケットに入れてしまっても、誰も確認ができません。

従業員には、もともとは不正を働くつもりがなくても、毎日現金を触っていると、「つい、

魔が差して」ということもありえます。

税務調査対応策以前の問題として、従業員を犯罪者にしないためにも、現金の管理やそのチェック機能を充実させることが何よりも大切なのです。

調査官　ランチタイムも　センサー稼働

第7話

きちんと申告しても、なぜ調査官がやって来るのか

「私のところはきちんと申告してるんで、税務調査なんか、関係ありませんよ！」

そう豪語されている経営者や個人事業主の方がいらっしゃいます。けれども、取引先が税務調査に入られて、その裏付けのために調査官がやって来ることがあるって、ご存じでしたか。

実は、きちんと申告していても、いえ、きちんと申告しているからこそ、調査官がやって来ることもあるのです。それは「反面調査」と呼ばれるものです。自分の会社はきちんと申告しているのに、毎年、毎年、取引先のことを調べに来られて困っているとおっしゃるCさんという方がいました。

Cさん「聞いてくださいよ。今年に入って、これで3件目なんですよ、税務調査」
飯田「えっ、税務調査が3件、1年で？　いったいどういうことなんですか」
Cさん「私んとこ、酒屋でしょ。お得意さんていうたら、飲食店がほとんどなんです。それで、いろんな税務署の調査官が、お得意さんになんぼ売ったか、調べさせてほしいって言うて来るんです」
飯田「なるほど、Cさんの会社自体の調査ってわけではないんですね。それはCさんとこが、きっちり経理してるから、調査官が来るっていうことやと思いますよ」
Cさん「えっ、きっちりしてるから来られるんですか？」
飯田「Cさんが取り引きされてる方って、どんな方が多いんですか？　個人で経営されてる方が多いんと違いますか？」
Cさん「まあ、そうですね。〝料理人〟っていう言葉がぴったりの、職人気質の人が多いですかね」
飯田「調理師学校出て、どっかのお店で修行して、何年かしたら独立して、お店持ったって感じなんですよね。そういう人の中には、料理の腕には自信持ってはるけど、経理とか、税務とかって苦手って方もいるんですよね」
Cさん「まあ、お客さんなんで、私の口からは、なんとも言えませんけど、今回のお客さん、Dさんのケースは、ちょっとひどかったみたいです」
飯田「どんなふうやったんですか?」
Cさん「反面調査いうんですか、資料を出してほしいって言うんで、調べに来た調査官にちょっと聞いたら、申告書の作成は税理士さんに任せてたけど、申告が終わったら、もう必要ないと思って請求書とか納品書とか、そういう書類を全部、捨ててしまったそうなんです。確か、そういう書類って残しとかんとあかんのですよね」
飯田「そやね。原始記録は7年間保存するように、ってことになってるわね」
Cさん「その調査が終わったら、お客さんとその顧問税理士さんとちょっと話したほうがいいかもしれませんね」

領収書の控え、伝票などは7年間保存しましょう

「反面調査」については、国税庁ホームページの【税務調査手続に関するFAQ(一般納税者向け）】で次のように書かれています。

――税務当局では、取引先など納税者の方以外の方に対する調査を実施しなければ、納税者の方の申告内容に関する正確な事実の把握が困難と認められる場合には、その取引先等に対し、いわゆる反面調査を実施することがあります――。

この文章から、「反面調査」は、税務調査の際、必ず実施するというものではなく「納税者の方の申告内容に関する正確な事実の把握が困難と認められる場合」に限って行われるということが読み取れます。

Cさんのお得意さんであるDさんは、和食をベースにした創作料理のお店を妻と二人で営んでいました。グルメサイトなどの書き込みが好評で、予約の取りにくいお店と言われていたのですが、経費削減のため、開業当初は税理士さんは雇わず、奥さんが経理を担当し、確定申告書の作成も行っていました。

飲食店の税務調査は、売上の管理状況を確認することが最も重要です。客ごとの注文伝票やレジペーパー、領収書の控えなど、「原始記録」と呼ばれる書類は、7年間保存しなければならないと法律で決められているので、まず、その確認を行います。

さて、Cさんのお得意様であるDさんの税務調査がどのように行われたかを検証してみましょう。


本音では調査官も、反面調査には行きたくない

まず、Dさんのお店にはレジがありませんでした。レジで管理しないといけないほど、たくさんの客が来るわけではなかったからです。また、注文伝票は、メモとして書いている程度で、確定申告書の作成が終わると捨てていました。日々の売り上げは、毎日1行、売上帳に記入していました。

お店はテレビや雑誌などでも紹介され、調査官が内偵調査に行きました。その際、調査官は、テーブル伝票なし、レジ打ちなし、レジペーパーが打ち出されることがないことも確認しました。内偵調査した調査官が、領収書を求めると、複写ではない渡しきりのタイプの領収書が手渡されたのでした。

このような状況にあったことからDさんのお店は税務調査の対象に選ばれました。申告内容が正しいかどうか調べるには原始記録を確認する必要があるのですが、これを保存していなかったのです。

これでは、調査官も調べることができません。そこで、仕入先であるCさんに反面調査を実施し、その金額を参考にしながら実際に申告するべきだった正しい税額を推計するという手法をとったのでした。

Dさんの顧問税理士は、年一《ねんいち》と言って、1年に1回、申告書を作成する業務だけを請け負っていました。Dさんが作成した帳面をもとに申告書を作成しており、原始記録の確認をしていなかったのです。

でも、この場合であっても、Cさんのところに反面調査に行くことを阻止できた可能性があります。それは、Dさんの顧問税理士に、ちょっと骨を折ってもらうことで、実現できます。

「Cさんのところには、お世話になっています。反面調査に行かれるとご迷惑をおかけすることになると思います。私のほうからCさんにお願いして、過去の仕入れ内容について回答していただくようにするので、Cさんのところに反面調査に行くことは勘弁してもらえないでしょうか」

このように税務署に言ってもらうのです。

「そんな、反面調査を阻止することができるんですか?」

こう思われたかもしれませんが、実は調査官にとっても、反面調査をするのは面倒なものなのです。

もともとDさんに悪意はなく、原始記録は7年間保存しなければならないということを知らずに捨ててしまっていたのであれば、税理士が尽力して資料を揃えることでも事足りると思います。

調査官が反面調査を実施しようとする場合、通常の調査以外に反面調査のための日数を確保しなければなりません。調査官は限られた日数で調査を行っているので、実は、反面調査はしたくないというのが本音なのです。

しかし、取引先同士が口裏を合わせて不正を働いている場合は、もちろんこの限りではありません。

Cさんのように、取引先に個人事業主が多い場合、税務についての決まりごとについて、ご存じない場合が多いかもしれません。機会があれば、取引先と税務調査対応策についてお話しされることも有効です。その際、税理士も一緒に交えて話せるような付き合い方ができるとなおいいでしょう。

担当も　できれば避けたい　反面調査

シーズンⅡ

確定申告は、税務署のメインイベント

カクシンシキ（1月〜3月）

年が明けたら還付申告書の受付開始

税務署は、いつの頃からか、年が明けると同時に還付申告書を受け付ける体制を整えておかなければならないようになりました。

個人事業主の申告書の受付は、2月16日からなのですが、給与所得者や年金受給者の方の還付申告書は、1月1日から受付可能で、そのことがマスコミなどによって広く世間に知れわたったからでしょう。

税務調査では、調査対象者である納税者の不正を暴くべく、厳しい言葉を連発する調査官たちも、確定申告の間は納税サービスを担う国家公務員の役割に徹しなければなりません。

調査官同士の共同作業などもあり、税務署の職員たちが、いつもとは違ったストレスを感じるのもこの時期です。

狭い税務署にたくさんの納税者が来署し、調査官たちは一日中その応対に追われます。終日立ちっぱなし、電話の応対という日もあります。真冬の時期でもあり、体調を崩す調査官も少なくないのです。

この章では、カクシンキ（確申期）と、カクシンマエ（確申前）、そして、確定申告が終わってからのキゲンゴ（期限後）と呼ばれている時期の税務署の仕事の様子や、確定申告をする際に気をつけておかなければならないこと、などについてお伝えしていきましょう。

第1話

収入103万円内でも、扶養控除にならない!?

私は、税理士以外に産業カウンセラーの資格も持っています。これは「話を聴かせていただくプロ」です。就職活動のイベント内にブースを設けて、就職活動中の学生さんの悩みごとを聴かせていただいたりもしています。

たとえば年が明けてから、まだ就活している学生さんはちょっと切羽詰まっているので、カウンセラーのブースで話される内容も少し重たいものになったり、前回来られた学生さんが、また来られたり……。

「こんなふうに話を聴いてもらえるだけで、気持ちが楽になることってあるんですね。ありがとうございました」

そんな学生さんに出会うにつけ、カウンセリングの必要性を強く感じます。

けれども、困っている人の役に立つ仕事がしたいとカウンセラーの資格をとっても、それを活かして独り立ちできている人はそんなに多くはいらっしゃらないように思います。

産業カウンセラーの資格を持つA子さんは、ご主人の転勤で東京から大阪に引っ越してきました。今までは、東京の自宅から通える企業で1年契約で、カウンセラーの仕事をし、毎年、更新するという形で仕事をしていました。

東京の会社は、ご主人が転勤になった時点で退職。大阪のハローワークに行って、東京と同じように派遣社員としてカウンセラーの仕事を見つけられたのでした。

そのA子さんと就活イベントでのカウンセリングで一緒になりました。学生さんが企業のブースをまわっている時間帯、カウンセリングのブースはお休みタイムになります。そして話題は税務のことに……。

A子さん「飯田さんって、税理士の資格もお持ちなんですよね。ちょっとだけ、教えてもらってもいいですか？」

飯田「最初、みんな、ちょっとだけって言わはるんですよね。そやけど、たいてい聞いてみるとややこしい話やから（笑）」
A子さん「本当に簡単なことだと思うんで、ちょっと聞いてもらってもいいですか？」
飯田「ほな、ちょっとだけね」
A子さん「実は、去年の1月まで東京で私が勤めていた会社から、源泉徴収票が郵送されてきたんです。私、1年で、2つの会社で働いた場合は、自分で確定申告しないといけないって知ってたんで、大阪で今、勤務している会社に、源泉徴収票を出してほしいって頼んだんです。そしたら、ちょっと、思ってるのと違う用紙を渡されたんです」
飯田「思ってるのと違う用紙？」
A子さん「はい。それで、経理の人に聞いたんですけど、『これ以外に何があんの？』って逆に言われてしまって、本屋さんに売ってる本で調べてもわからないし、税務署に行くのは怖いし……」
飯田「東京の会社から源泉徴収票が届いたってことは、東京の会社とは雇用契約を結ばれてたってことですよね」
A子さん「……」

飯田「大阪の会社とはどんな契約を結ばはったんですか?」
A子さん「派遣です、派遣契約。1年契約で、問題なければさらに1年、契約を更新するって感じです」
飯田「うーん、それは期間の問題ですよね。雇用契約か、業務委託契約かどっちでした?」
A子さん「東京のときとほぼ同じ条件でした。1週間に1回で、年間、103万円以下に抑えることができるから、この会社にしたんです」
飯田「A子さん、たぶんなんですけど今働いておられる大阪の会社、業務委託契約の可能性が高いと思いますよ。それやったら、ご主人の扶養家族には入れないかも……」
A子さん「えっ、どういうことですか?」

同じ仕事で、同じ収入でも、税金が違う

一般に派遣で働いている方は、派遣元(派遣会社)との間で、労働契約を交わされています。「契約」という言葉が出てくると、なんだか難しく感じられるかもしれませんが、どのように税金が課されるかは契約の違いによって分かれるので、ここは大切なところです。「労

働契約」という言葉ですが、民法的には「雇用契約」となるでしょう。平たく言うと、その派遣会社に雇われているという契約です。
派遣会社とどのような契約を結んでいるのかA子さんに確認してもらいました。すると、A子さんは労働契約（雇用契約）ではなく、「業務委託基本契約書」というものに署名捺印をしていました。これは、厚生労働省が示している「一般的な労働者派遣」の例ではなかったのです。

【業務委託】＝A子さんのケース
① その業務に対して責任が発生します。
② 仕事の指示、命令は業務を委託された派遣会社が行います。

【労働契約（雇用契約）】
① 仕事の成果に対する責任はありません。
② 仕事の指示、命令は派遣先の企業が行います。

いかがでしょうか。このように、実際に派遣先での業務は同じような内容であっても、契約の仕方によってその責任の所在や命令系統が違うのです。これによって所得の区分も変わってきます。

【業務委託】→事業所得
【労働契約（雇用契約）】→給与所得

A子さんは、1年間の収入金額の合計を103万円までに抑えておけば、ご主人の配偶者控除を受けられると思い込んでいました。給与所得であれば、それで正解でした。けれども、A子さんが大阪に来てからの契約は業務委託。その収入は事業所得として計算することになるのです。
昨年、1年間の収入が、事業所得なのかを見分ける方法があります。会社から届いた書類の表題を確認してください。送られてきた書類が、「平成27年分　報酬、料金、契約金及び賞金の支払調書」の場合は事業所得、「平成27年分　給与所得源泉徴収票」の場合は給与所得ということになります。これは国税庁のホームページにひな形があります。検索すると簡単に探せます。参考にしてみてください。

「派遣で働いている」は要注意

たとえ、アルバイトという名目であっても業務委託として契約している場合は、自分自身で自分の収入金額から必要経費を差し引いて所得金額を計算し、事業所得として確定申告をしなければならないのです。

この場合の収入金額というのは源泉徴収税額を差し引いたあと、振り込まれた実際の手取りの金額の合計ではなく、額面金額、すなわち「平成27年分　報酬、料金、契約金及び賞金の支払調書」の支払金額の欄に記載された金額になるので注意が必要です。

もし、A子さんの所得金額が38万円を超えた場合、A子さんはご主人の配偶者控除の対象外となってしまいます。そのときには、ご自身の事業所得としての確定申告書と、ご主人の名義で、A子さんの配偶者控除をはずすための確定申告書を期限内に提出しなければなりません。

これはカウンセラーに限ったことではありません。システムエンジニアなど他の業種でも「自分は派遣で働いている」と思っている方は要注意です。

１０３万円という金額だけで判断しては、後日、税務署から配偶者控除の対象外だと指摘を受けて呼び出しがあるかもしれません。仕事の内容は同じであっても、契約の仕方で課税の方法はまったく違ってくるのだということを知っておいたほうがいいでしょう。

１０３万　恩恵受けるは　給与だけ

第2話

住宅ローン控除、思ったほど税金が戻りません

大阪国税局管内には、83の税務署があります。大阪市内の場合、各区ごとにあると思いがちですが、そうでもありません。

私のオフィスは大阪市中央区にあるのですが、所轄署は南税務署。昔、その界隈は大阪市南区で、その名残で、南区のあった地域には南税務署が今でもあるのです。郡部になると、税務署はいくつかの市町村に1つ、管轄署が置かれています。国税の職員は約5万人。私が、国税の世界に入った頃からその数はあまり変わっていないようです。

何をするにも、経費のうち大きなウエイトを占めるのは人件費です。国税の世界も、少ないコストで効率よく仕事をこなすことが求められているのかもしれません。

確定申告の間、調査官たちは「調査官モード」ではなく、税務行政を行う「サービスマン」

と化します。実際に申告会場に行くとわかりますが、案内も応対もとても丁寧で、税務調査では強面だけれど、実は、みんな紳士淑女だったりするのです。

公的年金受給者も確定申告が必要になった頃から、申告者数がグッと増えました。税務署の会議室が狭いことや、その所在地へのアクセスが悪いことなどから、期間限定で市民会館などに特設会場を設け、確定申告の受け付けをするようになりました。

昨年マンションを購入されたAさんは、奥様に還付申告に行ってきてもらったそうです。どんな様子だったのか、聞いてみましょう。

飯田「還付申告、済まされたんですね」

Aさん「はい。3月に入ったら混むぞって、先輩から聞いてたんで、嫁に頼んで行ってきてもらいました」

飯田「確定申告が始まる前の時期に行ったんやったら、税務署は割とすいてたんと違いますか?」

Aさん「僕んとこは税務署から遠いんで、特設会場に行ってきたんです。車やったらそうでもないんですけど、電車やったら乗り換えたりせんと行けないんです。広報誌に期間限定で最寄り駅の近くの市民会館で申告書の受け付けするって書いてたのを嫁が見つけたんで、それやったら、近いし、ちょうどいいと思って」
飯田「住宅借入金等特別控除は書類をいろいろと集めて、提出するのが面倒くさいと思うんですけど、1回で用事は済みましたか?」
Aさん「はい。僕から揃えなあかん書類を嫁に伝えて、取りに行ってもらってはチェックしてたんで、大丈夫やったと思います。国税庁のホームページ見ながら、指示通りやれば簡単でしたよ。でも、受け付けするだけなんですね。計算とか、書類の内容とかをチェックしてもらえると思って、嫁に行ってもらったんですけど……」
飯田「うーん、そうですね。私が在職していたときもそうでしたけど、国税当局は会場では、内容のチェックはしてないと思います。たとえば、誰か1人の方の申告書を中身まで見てしまうと、『私も、私も』ってなりますよね。そしたら、収拾がつかなくなるから、相談会場では申告書を受け取るだけにして、内容のチェックは税務署内でやることにしたんやと思います」

Aさん「なるほどねえ。嫁は家の用事を済まして、子どもを連れて昼前に行ったそうなんですけど、ちょうど嫁のところで午前中の受付が終わって、次の人からは、午後からでないと会場に入れないようになってたって言ってました」
飯田「受付してる人も会場で相談受けてる人も、お昼休み取ったり、昼ごはんも食べんとあかんしね」
Aさん「嫁は、同じマンションのB子さんと、帰りが一緒になったらしいんですけど、B子さんは朝一番に来たのに昼までかかったんやそうです。計算がわからんから、何も書かないままで、相談担当の税理士さんと係の人に教えてもらって会場のパソコンで申告書を完成させたけど、戻って来る金額を係の人が言ったら、『テレビではもっとお金が返ってくるって言うてたのに、なんでこんだけしか戻ってきいひんの！　もう一回ちゃんと計算してんか！』って大声出してたんやそうです」
飯田「まあ、いろんな人がいますからね。税務署は行政なんで、国民の皆さんの苦情をお聴きするのも仕事やから（苦笑）」
Aさん「嫁は、帰り道、B子さんからその話をずっと聞かされて、それで疲れてしまったって言ってました」

納めた税金以上に戻ってくることはない

住宅借入金等特別控除については、国税庁のホームページでで「税について調べる」→「タックスアンサー」→「所得税」→「マイホームの取得や増改築などしたとき」と進むと、「No.1213　住宅を新築又は新築住宅を取得した場合（住宅借入金等特別控除）」のページに控除額の計算方法など詳しい内容が記載されています。

2015年中に入居した場合、「平成26（2014）年4月1日から平成31（2019）年6月30日」に該当するため、「控除期間は10年」、「各年の控除額の計算（控除限度額）」は「年末残高等×1％」となっています。この欄だけ見ると、住宅を取得した人は、その年の年末借入残高の1％がそのまま還付されるようにも読み取れます。

金融機関から送られてきたB子さんのお宅の年末残高の金額は2000万円でした。「2000万円×1％＝20万円」ですので、控除限度額は20万円になります。

「やった！　20万円も戻ってくるんやったら、ちょっと旅行でも行けるやん！」。B子さんはそう思って還付申告会場に行きました。でも、実際にはじき出された金額を見て愕然とし、怒り爆発となったわけです。

さて、なぜ、そんなことが起こってしまったのでしょうか？

答えは「源泉徴収税額」にあります。還付申告というのは、サラリーマンが納めた税金である「源泉徴収税額」の中から、納めすぎになっている金額を返金するというものです。

B子さんのお宅は、15年にマンションを購入した際、実家で1人で住んでいた母親と一緒に住むようになり、扶養控除が増えました。そもそも、B子さんは税金についてあまり詳しくなかったため、夫の給料からいくら税金が天引きされているのか知らず、申告によって丸々20万円が戻ってくると思い込んでいたのです。

それでも、入居した年の翌年に確定申告をしておけば、翌年以降は会社の年末調整で控除を受けることができます。

さらに、確定申告をしておけば、所得税から控除しきれなかった額を個人住民税から税額控除できます。ただ、住民税については別途還付されるわけではなく、給料から天引きされる税額が減る形なので、「お金が戻ってきた」という実感は薄いかもしれません。

還付申告をする際、給与所得の源泉徴収票の源泉徴収税額の金額の範囲でしか所得税が戻ってこないと知っておけば、ぬか喜びしたり、還付会場で怒りをぶつけたりすることはなくなるでしょう。

同じマンションに住んでいても、家族の事情はさまざま。でも、申告書の上では、その内容があからさまになります。ご近所で誘い合わせて還付申告に行くのは、避けたほうが無難かもしれませんね。

還付金　源泉以上は　戻らない

第3話
病院や歯科医の領収書が、認めてもらえない⁉

個人事業主の所得税の確定申告の期間は、2月16日から3月15日ですが、還付申告は1月1日からすでに受け付けが始まっています。

還付申告書の場合、受付印を押印された申告書は、3月15日まで溜めておいて処理をするのではありません。提出された日付順に、原則、「先入れ先出し」になるように、早く提出された申告書から先にどんどん処理をしていきます。

処理というのは、つまり何をするのかというと「検算」です。それぞれの税務署の奥のほうでは、毎日、検算担当にあたった調査官たちが、せっせとその業務を行っているのです。

受付された紙の申告書は、縦の計算はもちろん、医療費控除や、住宅ローン控除などでは、必要な書類がきちんと添付されているのかも、一枚一枚、チェックします。そして、内容に問題がある場合は還付留保となり、税務署から確認の連絡があります。
その仕事は、確定申告の期間が終わっても続きます。もう、かなり前のことですが、私が税務署に勤務していたとき、テレビなどでよく見かける芸人Cさんが税務署から届いた呼び出しのはがきを片手に窓口にいらっしゃったことがありました。

Cさん「おい、個人課税第一部門ってどこや」
調査官「はい、こちらが個人課税第一部門です」
Cさん「ハガキが来たんやけどなあ」
調査官「見せていただけますか。あっ、還付留保ですね」
Cさん「なんや、還付留保って」
調査官「還付申告書を提出いただいたんですが、内容確認の必要があるということで、ご連絡しました」
Cさん「内容確認って何や。わし、何も隠してへんぞ」
調査官「歯医者さんにかかられたということで、医療費控除の申告書を提出されたようですね」
Cさん「おお、そうや。娘のな」
調査官「えーっと、娘さんのお歳は……（申告書を見て）20歳ですね。学生さんですか？」
Cさん「いいや、女優のたまごや」
調査官「女優さん。きっと、お綺麗な方なんですね」
Cさん「まあな、わしの娘やさかいな。歯並び悪かったら見栄えが悪いとかなんとか言うて、ブリッジいうんか、あれやっとるんや。娘には金かけとんのや。なんせ、女優のたまごやからな」
調査官「ちょっと確認させていただきたいんですけど、娘さんは、歯並びが悪いことで、胃腸などの内臓の機能に支障をきたすようなことはありましたか？」
Cさん「そんなもんあるかいな。『太ったらスタイル悪なるやろ、もうやめとけ』言うても食うとるわ」
調査官「そうですか。そうしたら、この歯科矯正は内臓などの治療目的ではないということなんですね」

Cさん「なにを辛気臭いことぶつぶつぬかしとんねん。そんなこと、わしは知らんがな」
調査官「説明が回りくどくてすみませんでした。実はですね。美容目的でされた歯科矯正は、医療費控除には該当しないんです」
Cさん「なにを寝ぼけたこと言うとんねん。実際に、歯医者に金を払ろたから、ここに領収書があるんやろが。そやのに、なんで医療費控除でけへんねん。ホンマにけったくそ悪いやっちゃなぁ」

美容のための歯科矯正、治療のための歯科矯正

ここで登場した芸人Cさん。この日はいったんお帰りになりました。が、その後、何回か税務署に来られ、その都度、なぜ還付できないのかを何度も聞いておられました。結局、還付申告は認められず「取り下げ」処理になりました。最近はテレビでお顔を見かけないところをみると、すでに引退されたのかもしれません。

確定申告とは縁がないと思われがちな会社員の方も、「医療費控除」という言葉は耳にされたことがあるかと思います。

医療費控除を受けたいと言って、会社の経理担当に持っていっても、年末調整ではできません。給与所得者が、税金の還付を受けるためには各自で確定申告する必要があるのです。医療費控除は年間医療費が10万円（あるいは所得金額の５％）を超えた場合、その超えた部分に対応する金額に、最高税率を掛けた金額が還付されます。

申告する本人だけでなく、家族全員が支払った医療費の合計額が10万円を超えた場合が、医療費控除の対象になります。医療費控除の領収書は1月1日から12月31日の分を合計します。

医療費控除の中でも金額がかさむものに出産と、芸人Cさんの還付申告が認められなかった「歯の矯正」があります。これについて、国税庁のホームページではこう説明しています。

「発育段階にある子供の成長を阻害しないようにするために行う不正咬合の歯列矯正のように、歯列矯正を受ける人の年齢や矯正の目的などからみて歯列矯正が必要と認められる場合の費用は、医療費控除の対象になります。しかし、同じ歯列矯正でも、容ぼうを美化するための費用は、医療費控除の対象になりません」

最近、大人でも、歯科矯正をする人が多くいるようですが、美容のためでは医療費に該当しません。かみ合わせの悪さで、内臓に負担がかかる場合に認められるのです。

この内臓への負担という場合でも、税務署の担当者は医療の専門家ではないので、あらかじめ医師に診断書を作成してもらって申告書に添付することをお薦めします。ただし、この診断書の作成費用は医療費控除には該当しないのでご注意ください。

医療保険金が支払われると、こんなことに……

還付申告書の検算をしていて、医療費の領収書に診断書作成費が含まれている場合、調査官はそれに相当する保険金が支払われている可能性があると考えます。医療費の領収書の診断書作成費の欄に数字が入っていた場合、支払った医療費から保険など補てんされる金額を受け取っているかどうか確認する必要があります。

この場合も、その申告書は「還付留保担当」という職員の手に渡ることになります。還付留保担当は、再度申告内容を確認するため、申告者にハガキを出したり、電話したりして内容を確かめ、必要な場合は訂正してもらいます。

出産は別として、ほとんどの場合、医療にかかわる費用が発生するのは望ましいことではないでしょう。しかも1年間で10万円以上医療費を使うかどうかは、その1年が終わってみないとわかりません。
医療費の領収書は、1年間置いておいて、生計を一にしている家族全員の分を合わせて、還付金額が発生するのかどうか検討するのがよいと思います。
先日、電車に乗っていたら、OLらしきお嬢さん3人がドアに寄りかかりながら、話をしているのが耳に入ってきました。
A「ボーナス何に使う?」
B「プチ整形かな」
C「えー、どこの?」
B「二重にしよっかなって」
A「そやけど、目より、歯が先やろ」
C「私もそっちが先やと思うわ」
B「確か、申告したら1割ぐらい戻ってくるんやんなあ」

A「え、何それ?」
C「医療費控除っていうやつのこと? でも、それって、美容はあかんらしいよ」
B「えっ、そうなん……」
還付申告書を作成するために税理士にお金を払って書いてもらうという人はあまりいらっしゃらないと思います。OLさんも、ご自身の判断で申告することになるでしょう。通院の場合、交通費など関連する費用も医療費控除に含めることができたりもします。でも、美容目的の場合、それが医師に支払ったものであっても、医療費控除には該当しないのです。医療費控除の立法趣旨をよく理解し、自分が払った税金を正しい形で取り戻せることがあるのだということを知っていただければと思います。

プチ整形 医療費控除は できません

第4話
そのアルバイト、扶養控除を外されやすいです

Aさんは大阪在住の会社員。娘さんは東京で一人暮らしをしながら大学に通っています。その娘さん、年末年始はアルバイトが忙しいということで、今年も実家に帰って来ませんでした。

ある日、Aさんが何気なしにテレビを見ていると、街頭インタビューで娘さんがしゃべっているではありませんか。Aさんは、娘さんの姿を見ることができて安心した半面、ちょっと胸騒ぎがしたんだそうです。いったいどんなことでしょうか。

飯田「娘さん、大学何年生でしたっけ?」

Aさん「今、4年生なんですよ。卒業したら、オーストラリアに留学するって言ってるんで

す」
飯田「へぇ、偉いんですねぇ」
Aさん「なんにも偉いことなんかありませんがな、こっちが偉いだけですわ。娘を見てると、自分らも、若いときは好き勝手なことして、親に心配かけてたんやろなあって、ちょっと思います」
飯田「お金、けっこうかかるんとちがうんですか？」
Aさん「家賃と生活費は仕送りしてるんですけど、学費は奨学金を借りてて、小遣いはアルバイトでまかなって、さらに貯めたお金で留学しようって考えてるみたいです」
飯田「それで、年末年始もアルバイトされてるんですね。どんなアルバイトされてるんですか？」
Aさん「家庭教師って、言うてました。あっ、そう言えば、この前、うちの娘、テレビに出てたんですよ。毎朝見てる情報番組があるんですけどね。その中で『今どきの学生は仕送りをいくらしてもらっているのか』っていうて、街の中でインタビューしてたら、そこに娘が出てきよったんです。で、うちの娘、この1カ月、アルバイトで20万円稼いだって答えてるんですよ。どう思います、稼ぎすぎでしょ？」
飯田「年末やから、家庭教師以外にもアルバイトして、たまたま多かったんですかねえ」
Aさん「1年間で103万円は超えんように働くんやぞって、注意したんですけど」
飯田「娘さん、そういうことはご存じなんですね」
Aさん「去年、アルバイトの収入金額が103万円を超えて、実家から怒られた友人がいたんやそうです。1カ月、だいたい8万円くらいに抑えといたらええんですよね」
飯田「そうですね。家庭教師のアルバイトの相場は、時給2500円くらいやって聞いたことがあります。たとえば、時給2500円で計算すると、1カ月、8万円に抑えるには、8万円÷2500円＝32やから、働く時間を1カ月32時間までに抑えたら、扶養家族に入れるってことですね。家庭教師って、だいたい1回の訪問で2時間教えるんですかね。だとしたら、32時間÷2時間＝16日」
Aさん「こうやって計算してみるとよくわかりますね。1カ月16日に抑えておけば年間103万円を超えないので、扶養家族に入れることができるってことなんですね」
飯田「ただし、娘さんの家庭教師の契約が『雇用契約』の場合ってことになりますけどね」

Aさん「雇用契約？」
飯田「業務委託の場合は、年間の所得金額が38万円を超えると扶養家族に入れられませんからね」
Aさん「えっ、業務委託？　何ですの、それ⁉」

家庭教師が扶養控除を外されやすい特殊な理由

親からの仕送りだけではやっていけないので、アルバイトをしている学生は少なくないと思います。

「そんなに稼げるんやったら、仕送りは減らしても生活できるよね！」

そう言われるのが嫌だからというわけではないのでしょうが、自分がバイトでいくら稼いでいるのか、親にきちんと伝えない学生はけっこういるようです。

税法上の扶養控除の判定については、「103万円」が1つの基準になっています。先にも書いたこの「103万円」の基準については、「雇用契約」に基づいて支払われる給与所得に限ったことです。

家庭教師をするには、①「自分自身で探す」、②「家庭教師センターに登録して紹介してもらう」方法の2つがあります。
①の場合、子どもに勉強を教えるという業務を、その家から委託されて行うことになるので、時給でお金を計算していても業務の形態は「委託」となります。一方、②の場合、就労形態は家庭教師センターによってさまざまです。会社によっては、アルバイト（非正規雇用）として「雇用契約」を結んでいる場合もありますが、一般的には①と同じように「業務委託」契約の場合がほとんどのようです。
「家庭教師アルバイト一括登録ナビ」というサイトによると、多くの家庭教師センターでは、なぜ「業務委託」がほとんどなのか。それは、先生の交代ができることを生徒側と約束しているため、「生徒と相性が合わない」「指導に問題がある」というような場合、「雇用契約」を結んでいると、解雇しにくいという事情があるようです。

子どもとのコミュニケーション不足の落とし穴

業務委託契約の場合、家庭教師の先生の身分は「個人事業主」扱いとなり、家庭教師センターの運営会社からお仕事の「外注」を受け、それに対する「報酬」を受け取ることになります。仕事の内容は同じでも、契約の仕方によって税金の計算方法が違ってくるのは、先のカウンセラーの事例と同じです。

「雇用契約」ではなく「業務委託契約」であった場合は、扶養家族に入れることができないだけではなく、バイトをしている本人が確定申告をしなければならないかもしれません。

遠く離れて暮らしていても、親子でコミュニケーションをとることは大切です。特に学生は税金についてあまり関心がないようです。Aさんと同じように、子どもさんが家庭教師のバイトをしているという会社員の方、気になったら、今すぐ子どもさんに確認してみましょう。

アルバイト　雇用か委託か　要確認

第5話
FXの儲けを無申告、税務署はそれを知っている

実家が近い方は、いつでも日帰りで遊びに行くことができます。でも、実家が遠い方はなかなか帰ることもできないようです。そうすると、いろいろ予想もできない問題も起こるようで……。

Bさんは一人っ子で、実家は九州。お父様は早くに亡くなられ、実家には、お母様が一人で住んでおられます。

子どもが小さい頃は、お盆と年末年始の2回、実家に帰っていたのですが、子どもが大きくなるにつれ、部活があるからとか、友人と約束があるからとかで、ここ数年、実家には顔を出していませんでした。

昨今、振り込め詐欺など、一人暮らしのお年寄りを狙った犯罪が多発していることから、

たまには実家に帰ったほうがいいなと思い、昨年末は、帰省しました。そのBさん、今回、お母様の様子がちょっと変わっていたというのです。
さて、何があったのでしょうか。

Bさん「僕、ここ数年、実家に帰れてなかったんで、この年末年始は家族を連れて実家に帰ってきたんです。母は一人で住んでて、寂しがってるかなと思ったんですが、ますます元気になってて。元気なだけやったらいいんですけど、今回帰ってみたら、なんかちょっと感じが変わってたんです」
飯田「何か、あったんですか？」
Bさん「母は、昔から倹約家で地味な人だったんですよ。でも、この前実家に帰ったら、家電とか新しいものが増えてたんです。たまたま、同じ時期に使えなくなっただけと言うんですけど、着てるものも、なんか派手になったというか……」
飯田「それって、ひょっとして彼氏ができたんと違います？」
Bさん「そんなことはないと思うんですけど。それで、母に聞いてみたんですよ。そしたら

ＦＸで儲かったって言うんです。僕、ＦＸとかよくわからないんで、それって大丈夫なのって聞いたんですよ。そしたら、人に教えてもらってやってるから大丈夫だって言うんです」
飯田「人に教えてもらってる？」
Ｂさん「いつも家に来て、いろいろ教えてくれる人がいるんだそうです」
飯田「お母様、確定申告はしたはるん？」
Ｂさん「確定申告？　ＦＸって確定申告しないといけないんですか」
飯田「そうですよ。宝くじは非課税やけど、ＦＸで儲かったら確定申告して税金払わんとダメなんですよ」
Ｂさん「遺族年金だけやと思ってたんで、母のこと、扶養家族に入れてたんですけど」
飯田「うーん、それやったら、ダブルでアウトかも……」
Ｂさん「なんですか、ダブルでアウトって？」

実家の母親がＦＸで儲けて、息子の税金も増えた

Ｂさんは、会社に行く以外は家族との時間を大切にしたいと思っているマイホームパパ。

副業や副収入にはまったく興味がありません。なので、先物取引のこともまったくご存じなく、お母様がＦＸで儲けているという話を聞いてびっくりされたようです。

Ｂさんのお母様は遺族年金をもらっています。遺族年金は非課税で、それだけでは、生活できないということで、Ｂさんは毎月、生活費としてお母様の口座にお金を振り込んでいました。「同居はしていなくても扶養している」ということですね。お母様を扶養控除申告書に記入して、年末調整の際に扶養家族として会社に申告していました。

単に世間話を私にしたつもりだったようですが、実はこの話、Ｂさんが支払うべき税金に関係する話だったのです。

今、Ｂさんが確認すべきことは、昨年まで、それぞれ、1月1日から同年12月31日までの1年間で、お母様がＦＸでどれだけ儲けたのかということです。

お母様のＦＸから得られる所得が、1年間で38万円以下であればＢさんの扶養家族に入ることができますが、38万円を超えるなら、扶養家族には入れられません。

ちなみに「所得」は「収入金額」とは違います。収入金額からそれを得るために直接必要となった費用を差し引いたものを所得と言います。

お母様は、その「FXのことを教えてくれる人」から、テキストを買わされたり、さまざまなセミナーを勧められて参加したり、いろいろと費用も使っているようでした（これ自体も心配ですが）。FXの収入を得るために直接必要なものであれば、所得金額を算出する際、必要経費として差し引くことができます。

私の元国税調査官の視点、直感から推測すると、Bさんのお母様のように、儲かっている様子が生活ににじみ出るのは、相当な額の利益があったからだと思います。

7年の無申告で、マルサに摘発されるかも……

税務署は儲かったからといってすぐに調査に来るわけではありません。理由の1つは国税職員の数がずっと増えていないということもあるでしょう。

それから、もう1つ。マイナンバー制度の導入によって、書類に残る内容の取引については、少額の取引についても捕捉できるようになること。税務調査では、通常3年前まで遡って課税します。無申告者の場合、3年間は様子を見ておいて、無申告が確定した時点で税務署に呼び出したり、調査先に出向いたりして、無申告重加算税も併せて課税するというパターンが増えてくるかもしれません。

無申告が相当な金額になり、時期も7年ぐらい前からなどとなれば、「高額悪質者」と認定されてしまって、「査察」の事案、つまりマルサによって、立件されるケースも発生しています。

Bさんの場合、お母様が確定申告をして納税すると、お母様を扶養家族として会社に申告していたBさん自身も申告をやり直すことになります。お母様はなんの悪気もなく、小遣い稼ぎをしている感覚でいたのかもしれません。けれども、限度を超えてしまうとさまざまな問題が発生するのです。

離れて暮らす親御さんを扶養家族に入れている会社員の方は、たくさんいると思います。カルチャースクールなどに通ってパソコンを駆使できるようになり、ボケ防止のためにと、FXを始めたというお年寄りも、けっこういらっしゃるようです。

振り込め詐欺にだまされてお金を失っても大変ですが、Bさんのお母様のように、お金が儲かり過ぎて扶養家族に入れなくなるのもまた大変です。

最近は、SNSが発達し、連絡を取り合うことは簡単になりました。けれども、その暮らしぶりについては実際に実家に帰ってみないとわからないこともあると思います。

「そう言えば、最近実家に帰ってないな」

そう思われたあなた。まずは、「最近どうしてるん？」と電話一本をかけてみてはどうでしょうか。

きっと、親御さんは、喜ばれると思います。

ＦＸ　儲かったなら　申告を

第6話 調査官は、申告書の色から人物像を思い描く

平成26年1月から、白色申告も記帳義務が課せられるようになりました。それに伴って白色申告をする人が無料で使える会計ソフトを提供する会社も登場したりしています。

確定申告は、白色申告と青色申告の2種類あるのはご存じだと思います。実は、昔は、本当に申告書の色が白色と青色に分かれていたのです。

事業を始めるにあたって、白色申告がいいのか、青色申告にすればいいのか、頭を悩ませて、その先に進めないという方がいるかもしれません。

白色申告と青色申告の違いについてご理解いただくため、二代目経営者のCさんとの会話をお読みください。

Cさん「僕の友人のEなんですけど、独立しよったんですよ。まあ、平たく言うとリストラなんですけどね。ハローワークに行ったりしたけど、なかなか自分に合ってると思う仕事が見つからんかったみたいで。そしたら、前に担当していた株式会社XのY課長から、『最近、顔出さへんけど、どうしたん?』って電話がかかってきて、『1年くらいやったら、うちの仕事まわしたげれるで』って言われたんやそうです」
飯田「最近多いですよねえ、リストラ」
Cさん「いやあ、僕が雇ってあげられたらよかったんですけどね」
飯田「まあ、そう簡単に雇うこともできひんでしょ。そやけど、Eさん、1年経ったらどうしゃはるんかしら?」
Cさん「株式会社X以外にも、仕事をもらえるようになってきたから、このまま自分でやっていくつもりやって言うてました。それで、この前、『申告って、白色と青色とあるみたいやけど、どっちがええんか知ってる?』って、相談してきよったんですけど、どっちがいいんですか?」
飯田「えーっと、Eさんって、いつ開業しゃはったんかなあ。開業年月日から、2カ月以内やったら、青色申告できるから、所轄の税務署に青色承認申請届出書を出すのがいいと思うんだけど」
Cさん「開業ねえ。リストラされただけやから、そんなたいそうなもんと違うと思うんですけど……」

個人事業主として申告している人の中には、もともと独立志向があり、法人設立のためのステップとして、個人経営をしている人もいれば、Eさんのように、リストラされてやむなく独立開業したという方もいます。
Eさんは、当初、就職先を探していたのですが、以前の職場で得た経験や知識を商材として、業務委託契約という形で、株式会社Xから仕事を受けるようになりました。1社だけでは心細いので、Eさんは、売上先を獲得することに奔走していました。

白色申告は「選ぶものではない」

個人事業主が青色申告をしようとする場合、その年の3月15日までに所轄の税務署に青色申告承認申請書という書類を提出しなければなりません。年の途中で開業した場合は、開業してから2カ月以内に、青色申告承認申請書を提出すれば、その年から青色で申告ができます。

Eさんは3月にリストラされてから、何とか仕事を得ようと、ハローワークに行ったり友人を訪ねたりしていました。5月になって、元の勤務先の営業先である株式会社Xと1年契約で仕事ができるようになりました。

会社に勤めているときは、毎月、銀行の口座に給料が振り込まれていました。1年契約してくれた株式会社Xは、源泉徴収税額を差し引いた金額を振り込んでくれていましたが、そこ以外は、領収書と引き換えに現金でお金をもらえるところもありました。

年が明けて、テレビやネットでも、確定申告のことが取り上げられるようになり、Eさんは、自分も確定申告しなければならないのだと思い、先輩経営者であるCさんに白色か青色かどちらがいいのか聞いてみたのでした。

個人事業主が確定申告をする際、白色申告と青色申告のどちらを選べばいいのかということがよく言われています。

が、実は、白色申告は「選ぶものではない」のです。青色申告を選択することができる期間内に青色申告承認申請書を提出し、それが認められた納税者に限って、青色申告で申告することが認められるのです。

青色申告にすれば、
①　青色申告特別控除が受けられる
②　家族に対して青色事業専従者給与がとれる
③　3年間赤字を繰り越すことができる
など、遅滞なく複式簿記で記帳しなければならないという制約がありますが、さまざまな特典を受けることができるのです。

国税当局は、白色で申告している経営者のことは、「青色申告を選択しなかった経営者である」という見方をします。

特に、現場の調査官は、何年も個人経営で白色申告のまま、確定申告を続けている経営者のことは、まったく経理や税務に無関心か、あるいは何かしら現在の税務行政にものを言いたいと思っている人なのではないかと思ったりしているのです。

白色申告の場合、税理士が入っていない場合が多く、顧問契約をしていても年一《ネンイチ》で、申告書にハンコを押すだけといった感じになります。経理が杜撰《ずさん》なことが多いので、たくさん追加の税金が取れるのはわかっているのですが、納税者自身がトラブルメーカーになりうることも多く、ベテラン調査官は白色申告に調査に行くことを躊躇するきらいがあります。

青か白か。それは単に色の違いではなく、調査官の見る目が変わってくるのです。何もアクションを起こさず白色で申告し続けるのか、青色にするのか。決めるのはご自身です。

Eさんは今年は、白色でしか申告できませんが、3月15日までに、青色申告承認申請書を提出し、翌年以降は、経理や税務にも関心を持ちながら記帳も行っていけば、事業を大きくしていけるのではないかと思います。

経営を　続けていくなら　青色で

第7話 要注意、あなたが税務署に3年間泳がされることも

最近、〝せどり〟を始める人が増えているようです。これをやっている人を〝せどらー〟と呼ぶんだそうです。
ある方の知り合いが、この〝せどり〟をやっていて……
Aさん「飯田先生、〝せどり〟って、知ったはりますか?」
飯田「古本屋さんで安く見つけてきた本を、ネット上で、高値で売ったりするやつね」
Aさん「でも、本以外にも、いろんなものを扱うんです」
飯田「もしかしてAさん、せどりで儲かりすぎたけど、会社にバレずに済む方法はないかって相談?」

Aさん「違いますよ。実は、僕の知り合いにDっていうヤツがいるんですけで、せどりやってるそうなんです。で、2年ぐらい前からやってて、確定申告はどうしてるんか聞いてみたんですけど、してないっていうんですよ」
飯田「儲かってないってことなんと違うん?」
Aさん「いえ、それが一般のサラリーマンの月収以上は稼げてるっていうんです」
飯田「そしたら、無申告やん。Aさんは、申告するように言ってあげたん?」
Aさん「言ってはみたんですけど、年末にたくさん商品を仕入れるから、大丈夫やって言うんですよ。税務署が来ても、自分には、税金かけるお金が手元に残ってないって」
飯田「税金って、手元に残ったお金に対してかけるものと違うんやけど……」
Aさん「えっ、そうなんですか?」
飯田「年末に仕入れた商品は、年末の時点では、まだ、売れてないでしょ。そしたら、年末に仕入れたけど、売れずに残っている商品は、たな卸資産になるんです。平たく言うと在庫かな。仕入れた商品の代金はその場で現金で払っていることが多いから、費用のように思うかもしれないけれど、商品は消耗品と違うからね。この説明って、わかります?」

Aさん「なんとなくですけど……」
飯田「商品が売れて初めて費用として認められるのが、税金計算の約束ごとなんよ」
Aさん「でもDは、去年の3月に確定申告しなかったけど、税務署からは何も連絡がなかったって言ってましたよ」
飯田「それが勘違いのもとなんかな？」
Aさん「勘違い？」
飯田「税務署は、そんなにすぐには動かへんからね」
Aさん「そうなんですか？」
飯田「まあ、3年くらい経ってから、無申告の税務調査という形で、突然家にやって来るんと違うかしら」

税金は、手もとの現金にかけられるわけじゃない

〝せどり〟は当初は家の押し入れの整理をしていたら、それが売れてお金が入ってラッキーくらいのノリから始められる人もいるようです。

自分ではそんなに価値があるとは思ってなかったものに値段がついて、売れるのはけっこう楽しいものなんだろうと思います。

自分の家で眠っていたものを売りつくすと、今度は、どんなものがよく売れているか、どんな商品を欲しがっている人が多いのかを調べるようになります。

そのあとは、街の古本屋さんやフリーマーケットなどへ仕入れに行くようになります。その人にとっては価値のないものでも、別な人にとっては喉から手が出るほど欲しいもの。買いたいという人がいて、売りますという人がいる。国税当局も、売買が成立することについては、何ら異議はないでしょう。

Aさんの知り合いのDさんは、仕入れた商品が自分の部屋の中に山積みになっていました。昨年の暮れ、預金通帳残高を確認してみると7桁の数字になっていました。こんなにお金があると申告しないといけなくなるかもしれないと思い、年内に商品を買い集めお金を使いきったというのでした。

Dさんは、税金の計算は手もとに残ったお金にかけられるのだと思われていたようですが、それは間違いです。

税務署は、黙って様子をうかがっている

売上金額－必要経費＝所得金額
この数式は帳簿上の計算式です。仕入は必要経費に含まれるのですが、その商品が売れて初めて経費になるのです。

税務署は儲かったからといってすぐに税務調査に行くわけではありません。ほとんどの場合、税務調査は3年分を調べ、3年分の追加の税金を納めてもらうという仕組みになっているからです。例外として、フリーランスから法人になった場合や反面調査などの場合は、3年をまたずに税務署が来ることもあるでしょう。

先だって、商工会議所主催で、税務調査対応策のセミナーをさせていただくことがありました。打ち合わせの際、担当の方が、ここ数年増えている相談について教えてくださいました。

「働いてないんですけど、収入がある場合はどうしたらいいんでしょうか？」

何の収入があるのか尋ねると、〝せどり〟という人が多いようで、確定申告しないとダメ

なんですよというと、「無職で親の扶養に入ってるんですけど、申告ってしないといけないんですか？」と詰め寄ってくる人もいるのだそうです。

税金は労働にのみ課されるのではありません。不労所得と言って、家賃収入などにも課税されます。また、トレーダーと呼ばれる人たちにも課税の義務があります。

〝せどり〟をはじめ、副業や副収入などを申告していないけれど、税務署が何も言って来ないからとそのままにしていませんか？

税務署が何も言って来ないのは、申告していないことを認めたわけではなく、様子を見ているのです。申告せずにそのままにしておくと、3年後、突然家にやって来て、パソコンの中までしっかり調べられ、追加の税金も含めて、ごっそり持っていかれることもあるのだと肝に銘じておきましょう。

せどらーも　3年間は　泳がされ

第8話

日本人は脱税した金を土に埋める？

知り合いの経営者の方から、

「私の地元の経営者の勉強会で、税務調査の話をしてくれませんか」

という依頼を受けて、地元・大阪ではない地で登壇したことがありました。当日、プログラムを確認すると、現役の税務署の副署長のあとに、私が話をすることになっていました。

「話の内容がカブったらいややなあ」

講演の前は、そう思っていたのですが、副署長のお話の内容は私のものとは違った切り口のものでした。

そして講演会が終わっての懇親会。その副署長とお話をする機会に恵まれました。

副署長「今日は貴重なお話、ありがとうございました」
飯田「いえいえ、拙い話をお聞きいただき、ありがとうございました。最初、話す内容が重複したらどうしようって思ってたんですけど、カブらなくてよかったです」
副署長「あははっ、私のはマルサの話でしたからね」
飯田「マルサは長かったんですか？」
副署長「2回目の転勤で行ってから、背番号がついた（所属部門の系統が決まった）って感じですかね。たまには、出たりしましたけど」
飯田「それやったら、ご家族も大変やったんと違いますか」
副署長「正直、嫁には苦労かけたと思います」
飯田「でも、誰かがやらないといけない仕事ですもんね。でも、（講演で）あんな写真とか見せても大丈夫なんですか？　脱税したお金の隠し場所の写真」
副署長「ああ、あれは、すでに公開してるものなんで、大丈夫ですよ」
飯田「えっ、そうなんですか。でも、お金って、いろんなところに隠してるもんなんですね」
副署長「写真で紹介したように、土に埋めてるってパターンって、けっこう多かったように思いますよ」
飯田「そうなんですか！」
副署長「なぜなんでしょうねえ。空き家を壊したら、そこからお金が出てきたってニュースがたまにありますけど、それは、昔、そこに住んでいた人が隠していたお金だったのかなと思います。日本人は、大切なものを土の中に埋めておきたいと思うのかもしれませんね」
飯田「でも、現職の方が調査の手の内を明かすような話をしても大丈夫なんですか？」
副署長「ああ、それは大丈夫ですよ。国税庁も、最近では、脱税の手口を動画でアップしたりして、脱税はいかに割に合わないかということを、広く知ってもらおうとしてますしね」

「泳ぐ視線」は確実につかまっている

経営者は売り上げを追求するのが目的です。事業計画を立て、それを達成するために日々邁進するわけですが、売り上げが上がりたくさんの税金を払わなければならないことがわかると、それが惜しくなり、隠そうという気持ちになる人もいるようです。

銀行に預けてもすぐにバレるので、家の中に置いておくことになるのですが、その隠し場所は、冷蔵庫の中や米びつの中、仏壇の引き出しや、寝たきりのお年寄りの畳の下などさまざまです。

調査官は、準備調査の段階から、その納税者が本来納めるべきであった税金を試算し、そして、それがどのように処分されたのかまで調べ上げて調査完了となります。購入したものの値段を調べ、あとはキャッシュで残っているはずだ、という目星をつけるのです。

では実地調査では、なぜ調査官たちは、「そこ」に隠しているのがわかるのでしょうか。

それは視線です。調査官たちは、調査対象者にいろいろ質問しながら、相手の視線の先を追っています。何かを隠している人の目は泳ぎます。泳いでいるときも、ちらちらと何度も視線をやる方向が、お金を隠している場所だったりするのです。

「目は口ほどにものを言う」。口では嘘をつけても目は嘘をつけないというのは、本当に悪い人はいないという証拠なのかなと思います。

抜いた金　ここ掘れワンワン　土の中

シーズンⅢ

1000万円の売上案件はこの季節に

ヨンロク（4月～6月）

4月、春の声を聞くと、調査官たちは水を得た魚になる

3月末に所得税と消費税の確定申告が終わると、税務署の中も一段落。調査官たちは、「税務調査モード」にギアチェンジします。

季節もちょうど木々が芽吹き始める春。新たな気持ちで調査に臨むことができるのです。4月から6月にかけての調査は3カ月間。異動直後の7月から12月の6カ月間と比べるとその半分の期間ということになります。そんなわけで、税務調査1件あたりにかける日数も自ずと少なくなります。

4月は調査官たちが、今の家族の状況や、自分が希望する勤務地や仕事の内容について、職場の長と面談する機会があります。各調査官たちの意見や希望は税務署長から、国税局の人事に伝えられるのです。

人事は「ヒトゴト」と言われるように、なかなか自分の思うようにはなりません。それでも、自分の希望が叶うことを願いながら、調査官は、ヨンロクも調査に臨むのです。

おっと、ここだけ読んで、

「ヨンロクに調査に来られても、そんなに心配することはないんやな」

と思ってはいけません。

ヨンロクに着手した事案でも、実際に調査に行ってみて、端緒（きっかけ）が見つかり、大化けする可能性があるとなれば、日数や人数も増やして、真相解明しようとする場合もあるのです。

では、ヨンロクについて見ていきましょう。

第1話

会社員の自宅に、調査官がやって来るとき

一般に、税務調査というと、調査官が調査対象者の会社や自宅などに出向いて行うものという印象があります。それらは「実地調査」と呼ばれるもので、ほとんどの場合、税務調査は現場に臨場して行われます。

なぜ「実地調査」なのか？

調査官は、準備調査の段階である程度、本来納めるべき税金を計算してから、調査に臨みます。

現場では、調査対象者である本人から話を聞き、話の細部から矛盾を突いていきます。実際に行ってみて初めてわかること、さらなる不正の糸口を発見できることなどから、実地調査は有効な調査手法なのです。

調査官は、自分の身分を証明するＩＤカードと一緒に、「質問検査証」というものを携行しています。これは、質問検査権という権限があるから、その調査を実施できるのだということの証で、調査官は、質問検査証を「伝家の宝刀」と呼んだりもしています。

税務調査に非協力的な経営者に対し、

「この紋所が目に入らぬか？」

とでも言うように、質問検査証を印籠のようにかざしている調査官を私は見たことはありませんが、調査官は法律に基づいて調査しているということに対して、誇りを持っているのです。

先に紹介したように、ヨンロクはナナジュウニより期間が短く、短期決戦での調査が主になります。ポイントを絞って、問題のあるところだけを重点的に調べて、ささっと終わるというのが、ヨンロクの基本的なスタンスでしょう。

Ａさん「飯田先生。税務署ってサラリーマンのところにも調査に行くんですか？」

飯田「藪から棒に、何？　滅多にないと思うけど、まあ、ないことはないかな。ひょっとしてAさん、税務署に来られそうなことあるん？　競馬で万馬券当たったけど黙ってたとか？」
Aさん「いっ、いえ、競馬はちょっとはまってますけど、負け越してます。そうじゃなくて、実は、僕の先輩なんですけど、税務調査に入られたって噂があるんです。なんでも、急に家に来たとかって」
飯田「えっ、何の連絡もなしに？　じゃあ、よっぽど何かで儲けてたんやろね。ふつうは事前通知っていって電話で連絡して、日程を調整してから行くんやからね」
Aさん「そういえば、その先輩、ここんとこオフィスの電話が鳴るとビビってて、電話に出ようとしなかったような気がします。税務署は、サラリーマンの勤め先に電話することもあるんですか？」
飯田「うーん、それはあんまりせえへんかったかな。だって、そんなことされたら、その人、職場にいづらくなるやん」
Aさん「そうですよね。でも、その先輩、たまに机の引き出しから、はがきみたいなのを取り出して、ちょっと眺めては、ため息ついたりして……」
飯田「はがき？」

Aさん「僕がちらっと見たら、隠すんです」
飯田「それって、税務署からの呼び出しのはがきやったんかも……」

そのアフィリエイト収入、見つかってます

確定申告で申告書が出揃うと、税務署は調査モードに入ります。が、その前の期間、だいたい4月の中旬くらいまでの時期に、「確定申告に関するお尋ね」というようなタイトルのはがきを出すことがあります。

問題点がはっきりしている場合は調査先に出向かず、はがきを出して、調査対象者に税務署に来てもらって課税処理をするのです。大阪国税局管内では、「事後処理」と呼んでいたと思います。

その先輩は、奥さんと中学3年生の息子さんと小学5年生の娘さんとの4人暮らし。奥さんは専業主婦ですが、数年前から先輩を邪険に扱うようになりました。そのため、先輩はいつも外で食事をして帰るようになり、家に帰ってもパソコンとにらめっこするようになったのでした。

そして今年、確定申告が終わってすぐ、先輩に税務署から、お尋ねのはがきが届いたのです。

実は、先輩、奥さんに相手にされなくなった頃からブログを始めたのです。ペンネームで、毎日食べた昼ごはんと晩ごはんを掲載し、「嫁の悪口」を書いていました。

同じような思いのサラリーマンがたくさんいたのでしょうか。ブログはアクセス数がどんどん増え、アフィリエイト収入を得られるようになったのです。

金儲けをしようと思って始めたことではなかったのですが、通帳のお金はどんどん増え続け、どうすればいいんだろうと思い始めていた頃、税務署から呼び出しのはがきが来たのでした。

では、なぜ先輩のアフィリエイト収入はバレてしまったのでしょうか。疑問を抱いた方がいるでしょう。

お金をもらった人がいれば、お金を払った人がいる——。

これはご理解いただけると思います。調査官は、調査に行った際、その調査対象者が支払った内容についても、きちんと調べ上げ資料化するのです。

アクセスの多いブログに広告を掲載した企業などは、そのブログを運営している管理人に対し、間接的にではありますが、お金を支払います。ブログの管理人と間に入る会社とで、まさか、現金でやり取りすることはないでしょう。当たり前ですが、振込先の口座はデータ化され蓄積されます。

ある程度の情報が集まったところで、「呼び出し」になる

調査官たちは、「ヒト・モノ・カネ・情報」を追いかけることで、課税を「免れようとしている人たち」の不正を暴いていきます。

そして、ある程度、情報が集まったところで、本人に対し、「確定申告はどこの税務署でされているんですか」というお尋ねのはがきを出すのです。

「税務署来てるで、はよ帰って来い！」

ある日、職場にいる先輩の携帯に、奥さんからメールが届きました。

税務署は、来署依頼のはがきを出したのに、その先輩は何も連絡してこないので、直接、家に行ったのです。

自宅に奥さんがいたので、調査官は奥さんから話を聞くことにしました。通帳は奥さんがすべて管理していたので、先輩が帰宅する頃には、すべての収入について調査官が把握していました。

さて、この先輩、その後もブログを続けているのでしょうか。なんだか、ちょっと寂しい気持ちになるお話でした。

税務署は　サラリーマンも　調査する

第2話 売上1000万円前後の調査はヨンロクに！

フリーランスで仕事をしているBさんは、独立開業して5年。今年も確定申告書は税理士には頼まず、国税庁のホームページ「確定申告書等作成コーナー」で作って印刷し、税務署に持って行って控えに受付印を押してもらいました。
でも、そろそろ税務調査に来られるのでは、と不安に思っているとか。Bさんは何が不安なんでしょう。
Bさん「僕、まだ1回も税務署に来られたことないんですけど、大丈夫なんですかねえ」
飯田「さあ、どうやろねえ」
Bさん「そんな冷たいこと言わんといてくださいよ」

飯田「だって、私が選ぶんとちがうしねえ」
Bさん「まあ、そうですけど。ふつうは3年経ったら来るんですよね、税務署」
飯田「うーん、そうとも限らんけどねえ。高額悪質な納税者から調査することになってるはずやからね」
Bさん「高額悪質……。僕、そんな悪いことなんかしてませんよ」
飯田「でも、わざとじゃなくても、間違ったまま申告してるって場合もあるやん。たとえば、売り上げが1000万円前後のところを行ったり来たりしてるんやったら、春から初夏にかけての時期に連絡が入るかもねって感じかな」
Bさん「えっ、飯田先生は、僕が毎年1000万円前後の売り上げやって、なんで知ってるんですか？」
飯田「たとえばって話しただけなんやけど」
Bさん「あっ、そういうことでしたか」
飯田「1000万円前後の調査は、ヨンロク、つまり4月から6月にすることが多いんやけどね。ヨンロクは期間が短いから簡単な調査が主流になるんよ」

Bさん「調査に簡単とか、難しいとかあるんですか？」
飯田「署内で決算書と資料せんとかを突き合わせて、所得税の計算には間違いはなさそうやけど、うっかり消費税の申告を忘れてたっていうような場合は、消費税の期限後申告を出してもらうように言いに行くだけやから簡単と言えば簡単かな」
Bさん「実は僕、平成27年分は超えなかったんですけど、前に売り上げが1000万円を超えた年があったんです。で、税務署で申告書の受付してくれた人に聞いたんですよ。『今年、消費税の申告しなくていいんですか？』って。そしたら、その受付の人『はい、大丈夫ですよ』って」
飯田「それっていつの話？」
Bさん「え～っと、一昨年です」
飯田「そのとき、係の人から消費税の申告のフローチャートの説明書とか、渡されたんと違う？」
Bさん「どうやったかなあ。大丈夫って言われて、申告せんでいいんやって思ったから、何か紙をもらったような気もするけど、あんまり覚えてませんわ」

飯田「Bさん、やっぱり、そろそろ税務署来るかも」

消費税の納税義務は「前々年」の売上高で決まる

さて、今回登場のBさんですが、「一昨年の売り上げが1000万円を超えた」といっていました。消費税は前々年の課税売上金額が1000万円を超えた場合、申告義務が発生します。ここで注意しないといけない点は、前々年の課税売上が1000万円を超えていれば、申告しようとする年の課税売上金額が1000万円以下であっても申告しなければならないということです。

国税庁のホームページには、免税事業者のページで、そのあたりの説明をしています。

――消費税では、その課税期間の基準期間における課税売上高が1000万円以下の事業者は、納税の義務が免除されます（中略）基準期間における課税売上高とは、個人事業者の場合は原則として前々年の課税売上高のことをいい（中略）ます――。

「課税売上」という消費税特有の言葉が出てきたり、なんか、ちょっとわかりにくいですね。

個人で商売している場合、平成25年分の確定申告書を振り返ってみて、その金額が1000万円を超えていたら、平成27年分の売上金額が1000万円以下であっても、平成27年分については、消費税の確定申告をしなければならないということなんです。

個人事業主の方で、「前々年の売上金額が1000万円を超えていたかも」、あるいは「消費税の申告が必要なのではないだろうか」と思われた方、ぜひ、税務署の窓口に行かれることをお勧めします。

税務署は1月から3月末までは確定申告でごった返していますが、それ以外の時期であれば、割とていねいに応対してくれると思います。

最近では、フリーランスの場合、Bさんのように税理士に依頼せず、自分で申告書を作成する人が増えているようです。

何年も申告していると申告書の提出を終えて「あれっ?」と引っかかることがあるかもしれません。

税務署の窓口に相談に行くか、いろんなところで税理士さんの無料相談もしていますので、そういうものを利用するのもいいでしょう。

やってはいけないことは、毎年1000万円を下回るように調整して申告すること。調査官は、知らずにそうなったことに対しては理解を示す場合がありますが、わざとやった場合はとことん追及する習性を持っています。

小手先のずるいことを考えず、税金を逃れようという気持ちを持たないようにする。そうすることが、事業の規模を大幅に拡大することにつながっていくのだと思います。

消費税　1000万が　分かれ道

第3話
記録を捨てても、課税は「推計」される

毎日、現金を触る商売をしていると、ふと魔が差して売上金をポケットに入れてしまうことがあるようです。1回が2回に、2回が3回に……。回を重ねるごとにやめられなくなり、次第にそのことを隠そうと考え始めるのです。売上の記録が隠滅された場合、国税調査官はどのようにして調査をするのでしょうか。

記録が残されていない場合、調査はどのように行われるのか、「推計課税」について、若手経営者Cさんと話しました。

Cさん「ちょっと聞いてもらってもいいですか？　僕の地元の友人から、相談受けてることの相談なんですけど……」

飯田「もう、それだけで、ややこしそうですね」
Cさん「まあ、そう言わんと、聞いてくださいよ。実は、僕の友人のBなんですけど、実家が理髪店で、最近2号店を出店したんです。Bが跡継ぎなんです。この前、Bが実家に帰って来たとき、その2号店を覗きに行ったら、店長がお客さんからもらった金をレジに入れずに自分のズボンのポケットにねじ込んだとこを見てしまったそうなんです」
飯田「あらまあ」
Cさん「Bは、そのことを親父に言うたらしいんですけど、『ホンマに見たんか?』って、逆に怒鳴られたんです。親父さんは、信頼してるんや。もし、金をポケットに入れたいうんがホンマやったとしても、わしが見たときに注意するからお前は何も言うな!』って言ったんやそうです」
飯田「へぇー」
Cさん「店長が金をポケットに入れたとき、きょろきょろしてサッとポケットに入れたから、絶対に初めてと違うって思ったって。そやから、Bはあの店長に店を任せてていいのかって、ものすごく心配してるんですけど。これ、やばいでしょ」

飯田「そやねえ。散髪屋さんって現金商売やからね」
Cさん「思い出したんですけど、子どもの頃、Bの家に遊びに行ったら、おばちゃんが店のレジから金出して、『これでお菓子買うといで』と僕とBに渡してました。きっと、Bのところは、昔から、売上管理は杜撰やったんやと思います。
散髪屋さんって現金商売で、そんなに計算もややこしくないやろうから、レジとかなくてもいいかもしれんし。領収書をくれっていうお客さんも少ないやろし。そんなふうに考えたら、やりたい放題ですよね」
飯田「まあ、そう言ってしまうと身も蓋もないけど……」
Cさん「でも、レジペーパーも、伝票も捨ててるとかなったら、税務調査ってどうやって調べるんですか？」
飯田「そこが調査官の腕の見せどころみたいになるんやけど、散髪屋さんやったら、う〜ん、ネックペーパーかな？」
Cさん「えっ、ネックペーパー？　なんです、それ？」

意図的に税金を少なく申告しようとする場合、税理士には出来上がった帳面から見せて申告書の作成を依頼し、原始記録と呼ばれる売上伝票やレジペーパーなどは捨ててしまっていることがあります。

そんなとき、調査官はどのように実際の売上金額を算定するのでしょうか。税務調査の手法にはいろんな方法があるのですが、現金商売で記録を捨ててしまったような場合は「推計課税」という方法があります。

調査官の「センスの良し悪し」を見分ける方法

私が初対面の人に、「26年間税務署で税務調査って仕事をしてたんです」と自己紹介すると、決まってこう言われます。

「じゃあ、飯田さんって、数字に強いんですよね」

調査官は税務調査に行くと、ずっと数字とにらみ合っている印象を持っている方が多いようです。

でも、実は調査官たちは、税務調査で帳面に書かれている数字を突き合わせることばかりをしているのではありません。もし、皆さんの中で近々税務調査があるという方がいたら、調査官の行動に注意してみてください。

挨拶もそこそこに帳面に食いついているような調査官は、「調査のセンス」がないかもしれません。そのような調査官に当たってしまうと、細かいことばかり聞かれて、本質的なことまでたどり着かず、端緒が見つけられないまま書類を持ち帰り、調査の日数も長引くということになるのでしょう。

「帳面は逃げへんのや、後からゆっくり見たらええ！　それより、事務所の中を検査させてもらえ！」

私は国税局の資料調査課で長年調査をされていた先輩に税務調査を教えてもらいました。というよりは、いつもその上司について行って、調査先の寝室などをガサガサしていただけですが。せっかく臨場調査で事務所や家の中に入れてもらえたのだから、そこを検査させてもらおうというスタンスで調査をしていました。現況調査と呼ばれるものです。

押し入れや仏壇、和箪笥の小さな引き出しなどを検査させてもらうと、金目のものがたくさん出てきます。それを帳面を出してもらっていた部屋に運び、申告内容に見合っているかを突き合わせていくのです。税務調査は単に帳面の数字を突き合わせる作業のことをいうのではないのです。

こうして実際の売上高は露呈していく

Bさんは理髪店。現金商売で日銭が入り、家族経営の場合が多いので不正を働くつもりがなくても、少なく申告してしまうことの多い業種です。

では、理髪店に調査に行ったけれども、何も記録が残されていなかったら、どんなふうにして調べていくのでしょうか。

調査官は残されている帳面の必要経費から、その業種特有の毎月必ず支払いがある項目を探し出します。理髪店の場合、お客さんの首に巻く紙があります。「ネックペーパー」と呼ばれたり、「理容衿紙」というものです。まず調査官は消耗品費のページで、４００枚入りのネックペーパーが計上されているのを見て質問します。

当初、売上金額が、２５９２万円で申告していたとしましょう。

調査官「ネックペーパーは、1つ1000円なんですね」
（理髪店）経営者「はい」
調査官「何枚入っているんですか？」
経営者「400枚です」
調査官「昨年は、何年分かまとめて買ったんですか？」
経営者「いいえ、ストックはありません。その都度、買ってますから」
（ここまで、確認しておいて、さらに質問をします）
調査官「毎年、2万円分くらい買っておられますが、1人に何枚使うんですか？」
経営者「そんなもん、1人に1枚に決まってますがな」
調査官「ですよね。じゃあ、2万円÷1000円で20パック。1つに400枚入ってるから、400枚×20パックで、8000。1年間にのべ8000人のお客さんが来た計算になるんですけど、いかがですか？」
経営者「そんな計算したことないけど、まあ、そういうんやったらそうやろなと思いますわ」
調査官「こちらのお店の、お一人の散髪代、4000円ですよね。4000円×8000人で、3200万円。申告されている売上は、2592万円。どういうことですか?」

このような感じで調査は進んでいくのです。

調査官たちは、時代とともに発生するさまざまな業種に精通し、正しい申告金額を導き出すにはどの数字を使えばいいのかを日々考えています。

けれども、この推計は、調査官でなくてもできるのです。経営者も税理士も、申告書を提出する前には調査官目線で、いろいろな角度から申告内容をチェックする必要があると思います。それを周知徹底すれば、従業員の人間性を高めることにもなり、店の売り上げをポケットに入れるようなことも防げるのではないかと思います。

一枚の　ネックペーパーが　ものをいう

第4話

顧問税理士はなぜ代えられないのか？

皆さん、先にご紹介した「実調率」という言葉を覚えているでしょうか。

国税庁が法人、個人ともにその数字をはじき出し公表しています。法人実調率とは、実地調査の件数を対象法人数で除したもので、個人実調率とは、実地調査の件数を税額のある申告を行った納税者数で除したもの。

ちなみに、平成23年分の数字ですが、法人実調率は4・3パーセント、個人実調率は1・4パーセントとなっています（平成25年2月26日『税務行政の現状と課題』より）。

さて、この数を聞いてどのように感じられたでしょうか。

「ちょっと、おかしいとこを残しとかんと、税務署は、手ぶらでは帰りまへんで」

顧問税理士から、そんなことを囁《ささ》かれたという経営者がいるようですが、調査官は、何も間違いがなければ、「申告是認」、つまり申告されたものをそのまま認めることで税務調査を終わります。

実調率が数パーセントなのに、3年ごとに税務調査があるのは、あいまいな部分を残したままにしているからなのかもしれません。

税理士との付き合い方や選び方について、お悩みの経営者の方、けっこういらっしゃるようです。とある老舗企業の若社長がこんなことを言っていました。

Aさん「顧問の税理士さんって、どうやって代えたらいいんでしょうか？」
飯田「どうやってって、そんなん、別に決まりはありません。代えたかったら、いつでも代えれますよ。まあ、どんな契約交わしてたかにもよるけどね」
Aさん「契約、ですか？」
飯田「もしかして、契約書を交わしてないパターン？　今の先生とのお付き合いは、お父様と口約束で始まったんですか？」
Aさん「はい……」

飯田「そしたら、むしろ、いつでも辞めてもらえるってことですやん」
Aさん「実は、この前から、先生にマイナンバーについて聞いてるんですけど、答えがないんです。制度について、いろんな業者からいろんな情報が届いて、何をどうすればいいかわからなくて、顧問の先生の意見を聞きたいんですけど」
飯田「いろいろ不信感が募ったって感じなんですね」
Aさん「それから、先日、税務調査が入るって税務署から連絡があったんです。僕の代になってから、先生には申告書を作ってもらうだけになってたし、日々の取引内容は自分で答えられるんで、先生には調査のことを連絡しなかったんですよ。
そしたら古参の経理部員が、『税務調査はいつも先生に来てもらってたのに、連絡せんでええんですか』って。僕は『私が応対できるんで、大丈夫です』って言ったんですけど、調査当日、先生が来てたんです」
飯田「えっ、頼んでもないのに？」
Aさん「古参の社員が先生に連絡したんです」
飯田「で、調査はどうやったんですか？」

Aさん「何も間違いはなく、追加の税金を払うことはありませんでした。ところが、後日、先生から請求書が送られてきたんです。税務調査の立会料。頼んでないのに、勝手に来て、黙って座ってただけなんですよ。2日目なんか、昼からは居眠りしてたんですよ。そやのに、立会料ってどう思います？」
飯田「立会料について、どんな契約してたんですか？」
Aさん「それは……」
飯田「契約書を交わしてなかったんでしたよね。昔からの先生は、調査があったら立ち会うのは当たり前で、修正申告に至らなかったとしても、自分が立ち会ったからそれで済んだって気持ちがあるから、請求してきたんやと思いますよ。まあ、実際にその先生のことを時間的に拘束してたことには間違いないしね」
Aさん「そっ、そんなあ。わかりました、飯田先生に話させてもらって、僕、腹決まりました。顧問の税理士を代えます。早速、先生にファックスを送ります」
飯田「えっ、ファックス？」
Aさん「パソコンは使えんし、電話やったら聞いても忘れるといかんので、連絡はいつもファックス使うように言われてるんです」
飯田「それはやっぱり、税理士さん、代えたほうがいいみたいですね」

自分のやり方は大切、でも独走はいけません

二代目、三代目の経営者のお悩みは、業績に始まり、古参の社員との人間関係、会長との確執など、多岐にわたるのですが、その中で、なかなか誰にも相談できないことのひとつに、先代から顧問をしている税理士のことがあるようです。

Aさんの会社の顧問の先生は、Aさんが生まれる前から関与されていて、当時はお父様と二人三脚で会社を大きくして来られました。

Aさんは、子どもの頃、その先生からお年玉をもらった記憶もあるそうです。先生からすると、Aさんのことは、「親戚の家の子ども」みたいな感じで、今も、Aさんのことは社長とは呼ばず、下の名前で呼ぶのだそうです。

顧問の税理士と契約書を交わしていない、二代目、三代目の経営者は案外多いように思います。契約書を交わしていたとしても、自分の代になったときに、その契約内容について見直すことをお勧めします。

たとえば、マイナンバーなどのように新しい制度が導入される際には、経営者と税理士は一緒に対策を考えなければなりません。

税務調査に限らず、何か問題が発生したとき、本当に親身になってくれるかどうか、顧問税理士を代えようと思っている二代目、三代目の方は、今、それを考えるよい機会なのかもしれません。

しかし一方で、ことはそう単純でないのも事実です。

数週間後、Aさんから電話がかかってきました。

「やっぱり無理でした。税理士のことを役員会で話したんですけど、今の会社があるのは、先代の社長と、今の先生が一生懸命努力してきてくれはったからなのに、何を言い出さはるんですかって、猛反対に遭って……」

二代目、三代目の方が、自分の方針で経営をしたいと思うのは、企業の業種や規模を問わずいずこも同じだろうと思います。ところが経営は一人ではできません。先代が築いた地盤があるから、今の自分があるのだということに感謝するのは、一方でとても大切なことです。

自分が、これからどうしたいのかは、とても大切であることは間違いありません。ただし、その半面で、社員はどう考えているのかを常に心に置き、社内のコミュニケーションを向上させることを考え、行動することが経営者には要求されるのだと思います。

税理士を　代えたいけれど　ままならず

第5話
調査官をうならせる「4W1Hレシート活用術」

私が税務調査対応策としてお伝えしていることは、小手先のテクニックなどではなく、その「考え方」についてです。

広い会場で講演会をさせていただくようなときは、パワーポイントを使ってお話をするのですが、少人数で半日セミナーというような場合は、参加者の方に手を動かしていただくこともあります。

どんな業種にも共通で、ぜひ、実践してほしいと思うのが、「4W1Hレシート活用術」です。このツボを押さえておけば、税理士に尋ねなくても「これは経費に入れられる」のかどうか、自力で判断する力が培われ、税務調査に対する不安を軽減する助けにもなります。

また、経理担当の方がこの方法を実践すると、会社の経費をチェックする機能が、全社員に浸透することにつながります。
ここで紹介するのは、あるセミナーでの一場面です。
飯田「皆さん。財布に入っている領収書やレシートを机の上に並べてください」
Bさん「ファミレス、コンビニ、本屋さんのレシート、歯医者さん、異業種交流会の参加費、そのあと有志で行った懇親会の領収書、それともう一枚、入ってました」
飯田「そのレシートや領収書って、裏に何か書いてありますか？」
Bさん「コンビニのレシート以外は、何も書いてません」
飯田「レシートや領収書の裏って、真っ白なことが多いと思います。ですので、その裏に、この支払ったお金は、①どこで、②誰に、③何を、④なぜ、⑤どのように、払ったのかを書いてみてください」
Bさん「あれっ、この領収書、金額以外、店の名前とかも書いてないんですけど」
飯田「それはえらいことですねえ。日付は入ってますか？」
Bさん「日付はあるんですけど、何を買うたんやったかなあ」

飯田「手帳を見たら、思い出せるんと違いますか」
Bさん「思い出しました。先々週の日曜日、友人家族とハイキングに行ったんです。その帰り、山の中の趣のある店で、手打ちそばを食べたときにもらった領収書でした」
飯田「すぐにわかってよかったですね。そやけど、ハイキングに行った帰りにご家族で食べたおそばの領収書は、経費には入れられませんよね」
Bさん「そうですよね。あっ、これも日付入ってませんわ。異業種交流会の参加費の領収書。係に言うとかんとあきませんねえ」
飯田「今、気づいてよかったですね。何カ月もあとになると、月だけではなく、今年かどうかもわからなくなりますからね。このような作業は、本当は毎日1回、寝る前にやって、次の日の朝は財布から領収書やレシートをなくす習慣にするのがいいです。そうすると、経費に入れるべきものを入れ忘れたり、経費に入れてはいけないものを入れてしまったりを防ぐことができるんですよ」

その「懇親会への参加費」は、費用にしていいの？

Bさんの財布には、いろいろな領収書が入っていました。ファミレスの場合、何時に何人で来て、何を食べたのか一目瞭然です。Bさん1人のランチであれば、裏に5つの事柄を記入する必要はないでしょう。一般に、1人での食事は単に空腹を満たす行為で、売上を得る直接的な費用ではないと考えるからです。もし、飲食店を経営していて、メニュー研究のために食事をしたのなら、経費になるかもしれませんが。

ここで押さえておいてほしいことは、「経営者でなくても食事をする」のだということです。何人かで一緒にごはんを食べに行って、1人ずつ自分が食べた分だけお金を払うようなときに、執拗に領収書をもらおうとする人に出くわすことがあります。

そんなとき、元国税調査官である私は、「この人は、いつも自分が食べた食事代も必要経費に入れているのだろうなあ」と、推察します。

こういう人は、他のこと、本来「生活部分の出費」も、仕事の経費として計算しているんだろうなと連想します。なので、そういう人とは、あまり深く付き合わないでおこうと思うのです。

コンビニのレシートには、たいてい店の名前と所在地は表面に印刷されています。時刻や品名も打ち込んであるでしょう。裏には、誰のために、なぜ買ったのか。それをどのように使ったのかを記入します。記入してみると、それが仕事のために必要な出費だったのかどうか判断できると思います。

レシートの裏に記入した5つの内容は、実は、税務調査の際に調査官が必ずチェックする現金出納帳の信ぴょう性を高めるための準備だったのです。

①　どこで……Where
②　誰に……Who
③　何を……What
④　なぜ……Why
⑤　どのように……How

「これって、中学校の英語で勉強した5W1H?」と思われましたか。でも、よく見ると、Wが1つ足りません。そうなんです。レシートの裏に書くのは「4W1H」でOKなんです。なぜなら、「いつ＝When」にあたる「日付」はレシートの表側に記入されている場合がほとんどで、裏に書く必要がないからです。

Bさんは、異業種交流会の参加費と懇親会の領収書に日付が入ってないと慌てていましたが、これも要注意です。必要経費に入れられるのは「直接に要した費用の額」と「所得を生ずべき業務について生じた費用」だからです。

仮にBさんの場合、異業種交流会への参加が新しい顧客の獲得につながっていると説明できるのであれば、経費になるでしょう。一方で、懇親会は空腹を満たすために晩ごはん感覚で参加したのでしたら経費に入れないほうがいいでしょう。

その領収書が必要経費になるのかどうかは、その場の状況に応じて判断することが大切なのです。

そのタクシー代は何のため？

税務調査では、通常、3年間の申告内容について、正しくなされているかを確認します。調査官は、一番覚えていないであろう、3年前のことを尋ねます。

「3年前の、この接待交際費ですけど、どなたをどんなふうに接待されたんですか？」

こんな感じです。

レシートや領収書をもらったら、その裏に4W1Hを記入し、さらに現金出納帳の摘要欄にこの5つの内容を記入します。毎日、地道にこの作業を続けることで、その支払いが必要経費になるかどうか、自分で判断できるようになります。また、摘要欄が埋め尽くされている帳面を見ると、調査官は突っ込みどころがないので、

「ここに調査に来たのは間違っていたかな？」

という感覚になり、申告是認になる可能性が高くなると思います。

企業の中で営業は花形。一方、経理担当は地味な仕事という印象があるかもしれません。しかし、お金にまつわる大事な仕事です。この「4W1Hレシート活用術」をぜひ、経理担

当の方に実践してもらいましょう。

いつもは、回ってくる領収書を機械的に処理していたのが、その領収書がやり取りされた際の、ストーリーを思い描けるようになります。経理担当者が、タクシー利用の多い営業担当者に対して、

「タクシー代の領収書の裏に、何の仕事でどこからどこまで乗って、誰に会ってきたのか、記入しておいてくださいね」

このようにお願いすることにより、経費の削減につながるのです。


「すべての領収書は経費で落とせる」わけがない

経理担当者は、「4W1H」の確認を続けていくことによって、自分の仕事から、経費を節減できることを実感するのです。

経費削減は、直接的に粗利増にもつながっていきます。経理担当者が率先して「4W1Hレシート活用術」を行うことによって、経費の無駄遣いを監視する仕組みができていきます。

売上増には貢献できないけれど、経費削減、粗利を増やす、また、お互いが経費の使い方

について、けん制し合う効果が生まれ、横領など、社員の不正を早期に発見することにもつながるのです。

「領収書さえ残しておけば、なんでも経費に落とせる」

会社員の皆さん、このように安易に考えていませんでしたか。領収書を残しておくだけではダメなのです。調査官たちは、その領収書がやり取りされた場面を再現させ、真実は何なのか、領収書に問いかけ、不正発見につなげていくのですから。

元帳の　摘要欄は　埋めつくせ

第6話 「先生、脱税っていくらまで許されるん？」

さて、ここで、この本を手にしてくださっている読者の皆さんに質問です。

「あなたは子どもの頃、学校で税金について学ばれたことがおありでしょうか？」

世代によっても違うと思います。私は小中学生の頃に、勤労・教育・納税は日本国民の三大義務であるとして、言葉を覚えたような記憶はあるのですが、それ以上でも以下でもありませんでした。

高校3年生のとき、進路指導の先生から、高卒女子にも初級国家公務員税務職の門戸が開かれたと聞き、「女子一期生」という物珍しさだけで大阪国税局を受験したのですが、その頃でもまだ、税金がどういうものか理解していませんでした。

現在、私は近畿税理士会南支部に所属し、租税教育推進委員の副委員長を拝命しています。その任務は、税務署と連携し、管内にある各学校から依頼を受けて、租税教室の講師をするというものです。ここでは、私が講師を担当させていただいた中学校の租税教室での、生徒さんとのやり取りをご紹介しましょう。

飯田「これで、私からのお話は終わりです。何か質問がある人は手を挙げてください」
C君「先生、脱税っていくらまでやったらOKなんですか？　遠足のおやつは300円までとかあるやん」
飯田「金額だけで説明できるもんと違うんやけどねえ。そしたら、たとえ話をしますね。C君が道を歩いてたら、500円玉が落ちていました。このとき、どうしますか？」
C君「どうって、ふつうは拾うやろ」
飯田「そうやね。拾って、それからどうします？」
C君「500円やろ。何買おっかなって考える」
（教室全体から「えー」の声が……）
D子さん「先生、それは交番に届けるべきやと思います」

C君「ええやんけ、500円ぐらい。お前かって、金見つけたらラッキーって思うやろ」
D子さん「黙ってもらっとくのは、よくないことやと思います」
飯田「D子さんは、そう思うんやね。そしたら、みんなも考えてほしいんですけど、拾ったことを誰にも言わずにもらっておいたらどんな気持ちになるでしょうか？」
E君「ほんまは警察に届けなあかんよなって思う」
（教室の中にいるほとんどの生徒が、うなずく）
飯田「もらっといて何か買いたいという気持ちもあるけど、ほんまは警察に届けなあかんよなって思う気持ちもありますよね。皆さんは、もともとそういうふうに、いろんな出来事に対して、何が正しいかを判断する能力を持っているんです」
D子さん「それが脱税かどうかの判断基準ってことなんですか？」
飯田「そうですね。E君はどう思いますか？」
E君「脱税っていくらからとか、そういう問題とは違うってことなんですね」
飯田「私もそうやと思います。たくさんの人の税務調査をさせてもらってきたんですけど、根っから悪いことしようと思ってた人に出会ったことはないんです。つい、出来心ってわかりますか。みんな、ちょっと心が弱ったり、これぐらいいいかなと思ったりすることはあるんです。でも、ずるいことをすると自分が気持ち悪くなりますよね」
みんな「なるなる」
飯田「だから、気持ち悪いことはしないでおこうっていう気持ちを大切にしていれば、脱税しようなんて気持ちにもならなくなるってことです。私は、そういう大人になってほしいと思って今日いろいろとお話しさせていただきました」

税金の知識よりも大切なこと

毎年、11月11日から17日の間は、「税を考える週間」と定められていて国税庁も各種の広報活動や啓蒙活動を行っています。

租税教室は小・中・高校生だけではなく、専門学校の生徒なども対象に実施しています。手に職をつける仕事を目指している人の場合、将来は独立開業するのであれば、税務に関する知識も絶対に必要になります。

簿記会計学や財務諸表論、それぞれの税法を勉強するのも大事です。けれどもその前に、事業を始めるにあたって、何よりも大切なことは、人として何が正しいかで判断するこころを育み合うことだと思うのです。

ぜひ、ご家庭でも、職場でも税金について話す機会を設けて、コミュニケーションのきっかけにしていただければと思います。

脱税の　判断基準は　良心《よきこころ》

第7話
調査官の出世は、調査税額に比例するのか?

私がメンタルヘルスケア研修を企業向けに行いたいと思い起業したという話は書かせていただきました。起業したての頃、大阪で開催される異業種交流会に参加しては、研修についていろいろ説明をするのですが、ほとんど響きません。

「ほんで、その研修をやったら、なんぼ儲かるん?」

当時、大阪の経営者の間には、売上に直結しないことにはお金をかけたくないという雰囲気があったように思います。

ストレスチェックの義務化が叫ばれるようになってから、都内で、ベンチャー企業の経営者の方に向けて、メンタルヘルス研修をさせていただく機会がありました。簡単な絵を描くと、その方の潜在意識が顕在化される心理テストをもとに、私がアレンジして開発したテストを参加者全員に体験していただいたのです。

参加された方からは、「（潜在意識が）絵に出るんですね。今のままやっていけばいいんだって思えました。勇気をもらえた気がします」との感想をいただきました。

そして、この研修の意義について説明をしていると、別な参加者の方から質問の手が挙がりました。そして、話は思わぬ方向に……。

Aさん「自分のこと、他人のことが理解できるとてもユニークな研修でした。ところで、以前は国税調査官をされてたんですよね。私も企業に勤めていたとき、勤め先が税務調査に入られたことがありました。ちょっと関係ないかもしれないんですけど、聞いてもいいですか。調査官の出世って、税金の額で決まるんですよね」

飯田「そんなことないですよ。取ってきた税金が多い人が出世するんやったら、事案の取り合いになるじゃないですか。部門で何件しないといけない、みたいな割り振りはあったように記憶してますけど。少なくとも、税金の額で調査官が出世するなんて話はなかったです」

Aさん「そうなんですか。じゃあ、調査官は、どうやってモチベーションを維持してるんですか」
飯田「在職中はそんなこと、考えたことありませんでした。私の場合は、子育てしながら働いてたんで、そのことで上司に文句を言われないように、同僚に迷惑かけないように、ただひたすらって感じですかね。他の人はどう思ってたんかなあ」
Aさん「お国のためにって、感じなんでしょうか」
飯田「いやあ、それもないと思います。出世したい人は試験を受けて上がっていける制度になってるんですけどね。私は高卒やし、出世より自分の生活スタイルを守りながら働きたいと思ってたから。でも、『コクセン』の人は違うかもしれませんね」
Aさん「コクセンって?」
飯田「大学卒業程度の採用試験で合格した調査官を『国税専門官』というんです。それを略してコクセンと呼びます。コクセンは、幹部候補生として採用されるから、実務経験を経て、何年かごとに試験があって、それに合格すればまた税務大学校で研修を受けて、成績上位者は、一選抜とか、超一選抜とかで出世頭として走っていくんです」
Aさん「じゃあ、税務調査でたくさん不正を発見した人が出世するってわけじゃないんですね」
飯田「どちらかというと、官房系のほうが出世が早いと思います。国税庁での勤務を経験したとか、国税局の人事部に長くいたとか。調査担当に配属されたら、そこそこ事績を上げないといけないとは思うんですけど……。税務調査の能力が長けているだけでは出世しないってことやと思います。国税の組織の中には、税務調査以外にもいろんな仕事があります。新しい施策の部署に配属されたり、困難な部署にまわされることもあるし、部下の気持ちを把握して動かす、マネジメント能力もある人が出世するって感じでしょうか」
Aさん「じゃあ、警察と同じような感じなんですね。凶悪犯をたくさん捕まえた刑事や、公安に長くいた人が必ずしも出世するわけじゃないって、テレビで言ってたの見たことがあります」
飯田「そうですね。この前、『ロクヨン』って映画を観に行ったんですけど、警察って、国税の世界と似てるところがあるなあって思いました。調査官も家族がいて、家に帰れば誰かのお父さんやお母さんだったりするし、そのお給料で生計を立ててるわけやから、お国のためにとか正義感よりも、家族の幸せを願って、仕事と割り切って嫌われ者の勘定奉行に徹してるって人のほうが多いのかもしれませんね」

エリートには、エリートの重圧がある

調査官は、何を張り合いに仕事をしているのか。その仕事内容が広く知られているわけではないので、一般の方には理解できない部分があるようです。

「調べられる側のお金持ちの経営者も、調べる側の調査官も必ずしも幸せそうでない」

これが、そもそも私が独立開業した動機でした。国税で働く調査官たちのモチベーションを維持させるのは重要で、同時にとても難しいことです。

その後、関西でもメンタルヘルスケア研修に関心が寄せられるようになり、私の研修も、大阪商工会議所の主催で実施させていただき、大変好評でした。さらに、私は、メンタルヘルス研修を国税庁や税務大学校和光本校でも実施させていただきました。国税庁の人事課の方が私の本を読んで連絡をしてくださったのでした。

「なんとなく手にした本だったんですけど、著者のプロフィールを見たら、元国税調査官で、メンタルヘルスの仕事もしてるって書いてあるじゃないですか。国税の仕事って特殊で、彼

らのメンタル面を理解してくれる講師を探してたんですよ」

国会中継を横目に見ながら事務を執るのが国税庁の仕事です。また、人間関係の重圧から、大変なことになる職員も多くいるようです。支店の、現場の人間にはうかがい知れない大きなプレッシャーもあるのだと思います。

国税の仕事で出世するのは、どんな人か。税務調査でたくさん税金を取ってきた人ではなく、どんな理不尽な状況に遭遇しても耐えることのできる、強靭な精神力を持った職員と言えるのかなと思います。

国税の　出世と増差は　比例せず

第8話 悲喜こもごも、調査官たちの定期異動

6月も半ばを過ぎると、税務調査も大詰めに入ります。いつもはガランとしている庁舎の中は、人の出入りが激しくなり、税理士の隣でうなだれて座っていた調査対象者である納税者が、突然怒鳴り声を上げることもあります。

年度末の6月、国税局や税務署では、各担当者が調査対象者を局や署に呼んで、何をどんなふうに間違えていたのかを説明します。納税者が納得し、修正申告書が提出されたら一段落となります。

そして7月からは、心機一転新たなメンバーで、税務調査に従事することになります。

最後に、本章の締めくくりとして、定期異動を目前に控えた、とある税務署の3階、A統括官が率いる、個人課税第3部門の様子を覗いてみましょう。

A統括官「6月も半分過ぎたし、新規の事案に着手するのはやめて、今、仕掛かってる案件を終わらせる方向でやってください。B上席、C調査官の事案ですけど、耐火書庫に書類が置いたままになってるみたいなんですよ。どうなってるのか、ちょっと見てやってくれませんか？」
B上席「はい。C調査官。ん、Cはどこ行ったんや？」
（十数分後、C調査官が戻る）
B上席「お前、どこ行ってたんや」
C調査官「あー、すんません……。それより、2階のZ調査官。今、署長室に入っていったんですよ。入った瞬間、総務課長がドアをぴっちり閉めて。やっぱり、Zは本店なんっすかねぇ？」
B上席「お前なあ、そんなことより、やることあるやろ、5月の頭に行った事案。今、トーカン（統括官）から聞いたんやけど、預かり書類、そのまま耐火書庫に置いてるらしいやないか、進捗、どうなってるんか言うてみろ。集計できたんか？」

C調査官「途中まではやってみたんですけど、もう、あれはどうも堅い（修正申告させるのが難しい）ですわ」
B上席「お前が行きたいって言うて、行った事案やろが」
C調査官「ええそうですけど。関与してるんは、若い公認会計士やったんですけど、毎月しっかり見てて、臨場したときも、質問してもすぐに答えが返ってくるし、原始記録もきちんとファイリングされてるし、もう、なんぼ見ても、出そうにないなあって」
B上席「それやったらそれで、いつまでも書類置いとかんと、早いこと打ち切れ。明日にでも、先生呼んで、トーカンに話してもらうようにしろよ。遅いことは牛でもするんやぞ！」
C調査官「すいません」
（A統括官の電話が鳴る）
A統括官「C調査官、ちょっと署長室まで降りてくれるか」
D事務官「えっ、Cさんも本店なんですかね？」
B上席「さあ、どうなんやろな……」

他人の異動はやっぱり気になるもの

A統括官のシマは、赴任2年目のB上席、3年目のC調査官、2年目で今年調査部門に初めて座ったD事務官、それ以外にこの7月で退職するE上席と、4年目で転勤該当のF上席というメンバーです。

調査官は税務調査の最先端で、直に調査対象者である経営者と接することになります。調査官たちの転勤が、3～4年ごとにあるのは、その管内の納税者やさまざまな団体と必要以上に親しくなることを避けるためだとも言われています。

3年目のC調査官は、この署が初めての勤務地。「身上申告書」には、「転勤を希望する、ぜひ変わりたい」と書きました。自分は税務調査には向いていない、自分の力を発揮できる本店の部署に変わりたいと思っていたのです。

C調査官とZ調査官は同期生。Z調査官は2階の法人課税部門で、いつもさわやか。上の人から好かれるコツを得ているようでした。確定申告の時期なども、他部門からの応援者であるにもかかわらず、積極的に仕事をこなし、来署した納税者から、お礼のはがきが届いたこともありました。

税務大学校での研修生のとき、C調査官はZ調査官よりも成績が優秀でした。英語が得意だったのです。なので、C調査官は、トーカンにも、署長にも面談のときに、税務調査よりも、本店に行って自分の英語力を活かした仕事をしたいという話をしていました。

6月に入ってから、自分は本店に異動できるのかできないのか、また、同期のZ調査官はどこ異動するのか、とても気になり、今までに増して仕事が手につかない状態になっていました。

次の勤務地がどこになるのか――。それは、国税局の人事部という部署で決められています。

毎年、確定申告が終わり、4月になると調査官は、「身上申告書」という書類を上司に提出します。この身上申告書には、家族の状況、勤務地の希望、職種の希望、勤務地と職種のどちらを優先したいと思っているのかなどを記入するのです。

まずは、自分の部門の上司と面談し、最後は、勤務地の長、税務署であれば、署長と面談し、自分の希望を伝えます。

辞令一枚で、どこへでも行くのが調査官

中には、1年や2年で異動する調査官もいます。それは、「一選抜」とか、「超一選抜」と呼ばれる調査官で、同期の出世頭です。6月の末に署長室に個別で呼ばれるのは、本店に抜擢される調査官だったりするのです。

大阪国税局管内の場合、転居を伴う異動は、若い1回目の転勤で田舎の署に行くことを命じられるときか、管理職になるときでしょうか。管理職になるときは、すでに家庭を持っている調査官がほとんどなので、単身赴任を強いられることになります。

税務大学校大阪研修所で一緒に研修を受けた私の同期の女子の中には、出身地の高松国税局、広島国税局、福岡国税局、沖縄税務事務所に帰った人もいました。

結婚、出産しても働き続けている同期の女子もたくさんいるのですが、大阪以外では、「転勤＝転居」が普通で、何度も引っ越しをしたり、管理職になり、子どもを置いて、自分が単身赴任をしている同期の女子もいました。

国家公務員税務職も、所詮は国に雇われた身。辞令一枚でどこに飛ばされるかわからない

という宿命のもとで仕事をしているのです。

私も、子どもを保育園に預けている時期は保育園の送迎という理由で、比較的自宅から近い勤務地にしてもらっていました。

けれども、子どもが小学校に上がると、送り迎えの必要がないという判断のもと、通勤時間、1時間半の税務署に異動になりました。小学生の間は、まだ、子どもが寝床にいる間に出かける毎日でした。

私の同期の女子は、男女雇用機会均等法が施行されて採用されたのですが、辞令一枚で勤務地が決まるという部分も、男性と同等な扱いになったというわけです。


7月、内示の日。先に登場したC調査官は名前を呼ばれ、意気揚々と署長室に降りていきました。

しかし、しばらく時間が経っても、C調査官は自分の席に戻ってきません。

A統括官が心配するので、B上席が探しに行くと、誰もいない地下の食堂にポツンと座り、目をしばしばさせながら、上を向いているC調査官の姿がありました。

C調査官は、「仕事の内容が不向きなので異動したい」と主張したつもりだったのですが、「異動したい」という部分だけが受け入れられ、仕事内容は同じまま、あまり誰も希望しないような遠く離れた税務署に異動することを命じられたのでした。

調査官　彼らも所詮　サラリーマン

エピローグ　税法も人が作ったもの

ここまで、国税調査官の1年の働き方について、税務調査の手法や、彼らを取り巻く環境、さらに調査対象者である納税者や、税理士などの様子も交えながら書いてきました。

「そんな、税務署の手の内を明かすようなことをして、いいんですか？」

中には、そのように思われた方がいらっしゃるかもしれません。

実は、私自身、税務調査について書くことが正しいのかどうか、自問自答していた時期がありました。けれども、最終の判断は、「人として何が正しいか」で決めました。

「こんなことまで調べるんですね」

「調査官も、僕らサラリーマンと同じ感覚なんですね」

読者の皆さんは、いろいろな感想をお持ちになったのではないかと思います。

ちょうど、この本を書いているとき、「パナマ文書」が話題になっていました。世界の有名人が、自国で税金を払うことを免れていることについて、多くのメディアで話題になったのです。日本では、深く追及しない方針のようですが、それでいいのかしらと思っている方もいらっしゃると思います。

当然ですが、税法は人が作った法律です。でも、その法律を執行するのは人である調査官たちです。税務に関する事柄は、現地現場で判断しなければならないことがたくさんありま す。それは、調査官たちだけではなく、経営者や経理担当者や税理士なども同じなのです。

では、法律に書いていないことはどうやって判断するのでしょうか。それは一人ひとりの「こころの声」に耳を傾けることだと思います。

私は、人は誰でも、「良心」を持っていると思っています。本文の「先生、脱税っていくらまで許されるん?」という話で、中学生でも脱税について判断できる「良心」はあるということをご理解いただいたと思います。

そうはいっても人の心は弱いものです。意識していないと、ちょっとでも、楽なほうに、楽なほうにと流れてしまいがちです。

「これくらいやったら、かまへんやろ」

最初は、1人の弱いこころから不正の芽が生まれます。それがそのまま、見つからなければ、どんどん事態は大きくなり、気づいたときには、取り返しがつかなくなります。組織ぐるみで嘘をついて、最後はその企業が姿を消してしまうということは、最近よく報道されています。

どんなに立派な理念を掲げても、一人ひとりが正しい「こころの声」を持つところから始めないと、意味がありません。税務調査対応策も同じです。たとえば会社であれば、経営者の目の届かないところで、不正が起こるのです。

今まで調査官としての経験を文字にすることで、私の進むべき方向も明確になってきました。税務調査対応策をお話しさせていただき、それを多くの方が共有してくださることが、会社であれば業績アップ、個人であれば、トラブル回避につながっていくのだとわかってきたのです。

それが、皆さんの幸せな人生につながるのだと信じています。

そして、税務調査について執筆をしたり、税務調査について多くの方々に話すことによって、私のもう1つの仕事、メンタルヘルスケアや人材育成研修などへも好循環がつながってくるようにもなりました。

今回の出版でも、日本経済新聞出版社の野澤靖宏氏には、大変お世話になりました。この場を借りてお礼を申し上げたいと思います。この本を通して、多くの方に、税務行政について、興味関心を持っていただき、適正公平な課税の実現に貢献できればと思っています。

飯田真弓 いいだ・まゆみ
税理士。一般社団法人日本マインドヘルス協会代表理事。日本芸術療法学会正会員。初級国家公務員（税務職）女子1期生。26年間、国税調査官として税務調査に携わる中、結婚、出産、子育ても経験。2006年放送大学卒業後、認定心理士。08年に退職し、現在は税務調査対応策とメンタルヘルス対応をテーマに全国で研修を展開。初の著作『税務署は見ている。』は5万部を超えるベストセラー。ほかに税務調査の実態を小説にした『B勘あり！』がある。

日経プレミアシリーズ｜307
税《ぜい》務《む》署《しょ》は3年《ねん》泳《およ》がせる。
二〇一六年六月八日　一刷
著者　飯田真弓
発行者　斎藤修一
発行所　日本経済新聞出版社
http://www.nikkeibook.com/
東京都千代田区大手町一─三─七　〒一〇〇─八〇六六
電話（〇三）三二七〇─〇二五一（代）
装幀　ベターデイズ
組版　マーリンクレイン
印刷・製本　凸版印刷株式会社

ISBN 978-4-532-26307-2　Printed in Japan

日経プレミアシリーズ 209

税務署は見ている。

飯田真弓

調査対象に「選ばれる」ステップとは、調査官を燃えさせる三つの言葉って何……。長年の実務経験を持つ元国税調査官が、豊富なエピソードとともに税務調査の実態を語る。なかなか知ることのできない、「税務署の仕事」を詳しく紹介。

日経プレミアシリーズ 224

金遣いの王道

林 望 岡本和久

育ち方がおカネの遣い方に表れる瞬間、「貯める」と「増やす」は分けて考える、60歳を過ぎたら「減蓄」するべし……日頃のおカネの遣い方に始まり、今の日本の問題点、江戸時代に学ぶ教訓まで。リンボウ先生と投資のプロフェッショナルが対談。思わず膝を打つような、ヒントや蘊蓄が満載！

日経プレミアシリーズ 281

薄っぺらいのに自信満々な人

榎本博明

どんなときも前向き、「完璧です！」と言いきる、会社の同期や同級生といつも一緒、Ｆａｃｅｂｏｏｋで積極的に人脈形成……こんなポジティブ志向の人間ほど、実際は「力不足」と評価されやすい？ ＳＮＳの普及でますます肥大化する承認欲求と評価不安を軸に、現代人の心理構造をひもとく。

日経プレミアシリーズ 293

中国バブル崩壊

日本経済新聞社 編

急激な株価下落と異例の株価対策。人民元の切り下げに端を発した世界同時株安——中国政府の統制がきかず、経済がクラッシュする「悪夢」が現実のものとなったとき、世界は、日本はどうなるのか。国内と世界各地に駐在する市場・経済担当記者が総力を挙げて描き出す！

日経プレミアシリーズ 299

日本酒テイスティング

北原康行

日本酒選びで、「風味の違いはなんだろう」と迷った経験はありませんか。でも本書を読めば大丈夫。エリア（どこで醸されたか）とタイプ（どんな種類か）だけ見ればいいのです。唎き酒世界一に輝いたソムリエが、厳選26銘柄をテイスティング。そのコメントを読むだけで、誰でも味をイメージできるようになる、革命的な日本酒入門書が誕生しました。

日経プレミアシリーズ 300

いらない課長、すごい課長

新井健一

職場の価値観が多様化する今、リストラ対象になる「いらない課長」と、人材価値の高い「プロフェッショナル課長」の差が歴然とつきはじめている。数々の事例を知る人事コンサルタントが、コミュニケーション術、リーダーシップ術、会計知識など多方向から、30～40代の武器となる「課長スキル」を磨く具体的手法を授ける。

日経プレミアシリーズ 302

人口減が地方を強くする

藤波 匠

「人口の東京一極集中による地方の消滅」という発想に支配される地方活性化策。それは、若者を補助金頼みの地方定着へと誘い、人口バランスに大きなゆがみを生じさせます。たとえ人口が減っても、地方は豊かな暮らしの場となれるはず。人口減を受け入れることで見えてくる、地方再生の新たな道を示します。

日経プレミアシリーズ 303

世界経済大乱

滝田洋一

止まらない中国からのマネー流出、悪化するサウジアラビアの懐具合、出口が見えぬ金融緩和競争、米欧同盟の亀裂とポピュリスト政治家の台頭――相場格言の通り、2016年は「騒乱の申年」なのか？ リーマン・ショックの再来はあるのか？ 同時多発危機の現場から緊急報告。

日経プレミアシリーズ 305

緊急解説 マイナス金利

清水功哉

日本経済を直撃した「マイナス金利政策」。金融商品の金利はどこまで下がるのか、資産運用はどう変えればよいのか、経済・市場や金融機関の経営にどんな影響があるのか――。金利はプラスが当たり前の世界に生きてきた日本人には理解しがたい「未知なる状況」を、日本経済新聞編集委員が明快に解説。